George *MacDonald*

Edição e Prefácio:
C. S. Lewis

George *MacDonald*
Uma antologia – 365 reflexões

C. S.
LEWIS

Edição *especial* |  Thomas Nelson
BRASIL

Título original: *George MacDonald: An Anthology*

Copyright © 1946 by C. S. Lewis Pte. Ltd. Todos os direitos reservados.
Edição original por HarperCollins *Publishers*. Todos os direitos reservados.
Copyright de tradução © Vida Melhor Editora LTDA., 2021.

Os pontos de vista desta obra são de responsabilidade de seus autores e colaboradores
diretos, não refletindo necessariamente a posição da Thomas Nelson Brasil,
da HarperCollins Christian Publishing ou de sua equipe editorial.

Publisher	*Samuel Coto*
Editores	*André Lodos Tangerino e Bruna Gomes*
Tradutor	*Carlos Caldas*
Preparação	*Hugo Reis*
Revisão	*Davi Freitas e Francine Torres*
Diagramação	*Sonia Peticov*
Capa	*Rafael Brum*

Dados Internacionais de Catalogação na Publicação (CIP)
(BENITEZ CATALOGAÇÃO ASS. EDITORIAL, MS, BRASIL)

L651g
    Lewis, C. S.
    George MacDonald: uma antologia / C. S. Lewis; tradução de Carlos Caldas. —
1.ed. — Rio de Janeiro: Thomas Nelson Brasil, 2020.
    208 p.; 13,5 x 20,8 cm.

    Bibliografia.
    Tradução de: *George MacDonald*
    ISBN 978-65-56891-13-2

    1. Devoção a Deus. 2. Pensamentos. 3. Reflexões. 4. Religião. 5. Vida cristã.
I. Caldas, Carlos. II. Título.

11-2020/77

                CDD: 248.4
                CDU: 2-42

Índice para catálogo sistemático:
1. Vida cristã: Devoção a Deus
2. Religião: Pensamentos: Reflexões

Bibliotecária responsável: Aline Graziele Benitez CRB-1/3129

Thomas Nelson Brasil é uma marca licenciada à Vida Melhor Editora LTDA.
Todos os direitos reservados à Vida Melhor Editora LTDA.
Rua da Quitanda, 86, sala 218 — Centro
Rio de Janeiro — RJ — CEP 20091-005
Tel.: (21) 3175-1030
www.thomasnelson.com.br

George *MacDonald*

Clive Staples Lewis (1898-1963) foi um dos gigantes intelectuais do século XX e provavelmente o escritor mais influente de seu tempo. Era professor e tutor de literatura inglesa na Universidade de Oxford até 1954, quando foi unanimemente eleito para a cadeira de Inglês Medieval e Renascentista na Universidade de Cambridge, posição que manteve até a aposentadoria. Lewis escreveu mais de 30 livros que lhe permitiram alcançar um vasto público, e suas obras continuam a atrair milhares de novos leitores a cada ano.

Para Mary Neylan

SUMÁRIO

Prefácio		21
1	Aridez	41
2	Amor inexorável	41
3	Fogo divino	42
4	O princípio da sabedoria	42
5	O despertado	43
6	Sinai	43
7	Não	44
8	A lei da Natureza	44
9	É impossível fugir	45
10	A palavra	45
11	Conheci uma criança	45
12	Assassinato espiritual	46
13	Impossibilidades	46
14	A verdade é a verdade	47
15	A pedra branca (Apocalipse 2:17)	48
16	Personalidade	49
17	O segredo no homem	49
18	Os segredos em Deus	50
19	Sem massificação	50
20	Sem comparação	50
21	O fim	51
22	Traça e ferrugem	51

23	Cavernas e imagens	51
24	Vários tipos de traça	52
25	Escrituras Sagradas	53
26	Ordena que estas pedras se transformem em pão	53
27	Sentimento religioso	54
28	Aridez	54
29	Presunção	55
30	O conhecimento de Deus	56
31	A Paixão	56
32	Eli, Eli	56
33	O mesmo	57
34	Desolação vicária	57
35	Cristãos rastejantes	58
36	Aridez	58
37	A utilidade da aridez	59
38	A mais elevada condição da vontade humana	60
39	Alma perturbada	60
40	Momento perigoso	61
41	Está consumado	61
42	Membros uns dos outros	61
43	Originalidade	62
44	A lei moral	62
45	O mesmo	62
46	Para cima em direção ao centro	62
47	Ninguém ama por conhecer a razão de amar	64
48	Meu próximo	64
49	O mesmo	64
50	O que não pode ser amado	65
51	Amor e justiça	65
52	O corpo	66
53	Bondade	66
54	A desconsideração de Cristo	67

55	Fácil de agradar e difícil de satisfazer	67
56	A Lei Moral	68
57	Servidão	68
58	O jovem rico (Mateus 19:16-22)	68
59	Lei e Espírito	69
60	Nossa menoridade	69
61	Conhecimento	70
62	Vivendo para sempre	70
63	Sede perfeitos	70
64	Conforto mortal	71
65	O mesmo	72
66	Quão difícil?	72
67	Coisas	72
68	Posses	73
69	O tormento da morte	73
70	A utilidade da morte	74
71	Não apenas os ricos	74
72	Pensamento temeroso	75
73	Milagres	75
74	O presente sagrado	75
75	Previsão	76
76	Não apenas os ricos	76
77	Preocupação	76
78	O presente sagrado	77
79	Céu	77
80	Bases movediças	78
81	Exagero	78
82	Serviços domésticos	79
83	Preocupações	79
84	Deus à porta	80
85	Dificuldades	80
86	Vigilância vã	81

87	Incompletude	81
88	Oração	82
89	Conhecimento que seria inútil	82
90	Oração	83
91	Por que isto seria necessário?	83
92	As condições de uma boa dádiva	84
93	Falsa espiritualidade	85
94	Pequenas orações	85
95	Riquezas e necessidade	86
96	Providência	86
97	Liberdade divina	87
98	Providência	87
99	Os milagres de nosso Senhor	87
100	"Eles não têm mais vinho" (João 2:3)	88
101	Oração intercessória	88
102	A revolta eterna	89
103	Eles dizem que isto lhes faz bem	89
104	Oração aperfeiçoada	89
105	Concessão corretiva	90
106	Por que devemos esperar	90
107	A vingança de Deus	91
108	O caminho do entendimento	92
109	Cegueira penal	92
110	O mesmo	93
111	Entra em acordo sem demora com teu adversário	93
112	O inexorável	94
113	Cristo, justiça nossa	94
114	Concorde rapidamente	94
115	Deveres para com o inimigo	95
116	A prisão	95
117	Não é bom estar só	96
118	Sede perfeitos	97

119	O coração	97
120	Culpa preciosa	98
121	O mesmo	98
122	Homem glorificado	99
123	Vida no mundo	99
124	O ofício de Cristo	99
125	A lentidão da nova criação	100
126	A nova criação	100
127	Pessimismo	101
128	A obra do Pai	101
129	O fim	102
130	Impasse	102
131	As duas piores heresias	102
132	Crescimento cristão	103
133	Vida e sombra	103
134	Falso refúgio	104
135	Uma compreensão boba	104
136	Aridez	104
137	Perseverança	104
138	Formas inferiores	105
139	Vida	105
140	O círculo eterno	105
141	A grande única vida	106
142	O princípio da sabedoria	106
143	"Paz em nosso tempo"	107
144	Fogo divino	107
145	O lugar seguro	108
146	Deus e a morte	108
147	Terror	108
148	Desejo falso	109
149	O direito de um homem	109
150	Natureza	109

151	O mesmo	110
152	Dúvida	111
153	Jó	112
154	A conclusão do Livro de Jó	112
155	O caminho	113
156	Autocontrole	113
157	Autonegação	114
158	Matando o nervo	114
159	O eu	115
160	Meu jugo é suave	116
161	Devemos ser ciumentos	116
162	Encarando ambos os caminhos	116
163	A alma descuidada	117
164	Não há mérito nisto	117
165	Fé	118
166	O equivocado	118
167	O caminho	119
168	A primeira e a segunda pessoa	119
169	Advertência	119
170	Criação	119
171	O incognoscível	120
172	Advertência	120
173	As duas primeiras pessoas	120
174	A imitação de Cristo	121
175	Dor e alegria	121
176	"Por ele todas as coisas subsistem"	121
177	"A vida estava nele"	122
178	Porque não temos a "Ipsissima Verba" de Cristo	123
179	Advertência	123
180	Sobre a arte religiosa de má qualidade	124
181	Como ler as Epístolas	124
182	A entrada de Cristo	124

183	O mesmo	125
184	Os usos da natureza	126
185	Ciências da natureza	126
186	O valor da análise	126
187	Natureza	126
188	Água	127
189	A verdade das coisas	128
190	Cautela	128
191	Deveres	129
192	Porque o livre-arbítrio foi permitido	129
193	Morte eterna	130
194	A redenção da nossa natureza	130
195	Não há mistério	131
196	A verdade viva	131
197	Semelhança com Cristo	131
198	Graça e liberdade	132
199	Liberdade gloriosa	132
200	Não há meio termo	133
201	Sobre ter o próprio caminho	133
202	A morte de Cristo	134
203	Inferno	134
204	A mentira	134
205	O temor do autor	135
206	Sinceridade	135
207	Primeiras coisas primeiro	135
208	Amor inexorável	136
209	Salvação	136
210	Caridade e ortodoxia	136
211	Evasão	137
212	Amor inexorável	137
213	O Espírito Santo	137
214	O sentido do pecado	138

215	Teologias medíocres	138
216	Quanto a pensar mal a respeito de Deus	139
217	Condenação	139
218	Desculpas	140
200	Impossibilidades	140
220	Desobediência	140
221	O mesmo	141
222	O Deus da lembrança	141
223	Luto	141
224	A fé de Abraão	142
225	O mesmo	142
226	Percepção dos deveres	143
227	Justiça da fé	143
228	O mesmo	143
229	Imputado para nossa justiça	144
230	A fé do apóstolo Paulo	144
231	O cristão maduro	145
232	Revelado aos bebezinhos	145
233	Resposta	146
234	Conhecimento inútil	146
235	A arte de ser criado	146
236	Quando não o encontramos	147
237	Oração	147
238	Sobre as críticas de alguém	147
239	Livre-arbítrio	148
240	Sobre conversas fúteis	148
241	Será que amamos a luz?	148
242	Vergonha	149
243	O despertar	149
244	O despertar dos ricos	150
245	Autoengano	150
246	Advertência	150

247	A lenta descida	151
248	Justiça e vingança	151
249	Reconhecimento de agora em diante	151
250	Desde Dante	152
251	O que Deus quer dizer por "bom"	152
252	Todas as coisas vêm de Deus	152
253	Ser absoluto	153
254	Animais	153
255	Diversidade de almas	154
256	O iludido	154
257	Mal	154
258	A perda da sombra	154
259	Amor	155
260	Da primavera ao verão	155
261	A porta para a vida	155
262	Uma religião solitária	156
263	Amor	156
264	Um falso método	156
265	Assimilação	156
266	Procurando	157
267	Progresso	157
268	Providência	157
269	Simplicidade	158
270	Perdão	158
271	Visitantes	159
272	Prosa	159
273	Integridade	159
274	Contentamento	160
275	Pesquisa paranormal	160
276	O apagamento	161
277	A respeito de um capítulo em Isaías	161
278	Providência	161

279	Não tem outro jeito	162
280	Morte	162
281	Critério de uma visão verdadeira	162
282	Uma razão para o sexo	163
283	Obra fácil	163
284	Lebensraum	164
285	Natureza	164
286	Para os pais	165
287	Entesouramento	165
288	Hoje e ontem	166
289	Ilusão obstinada	166
290	Posses	166
291	Perdido nas montanhas	167
292	O nascimento da perseguição	167
293	Morte diária	167
294	Quanto à obrigação para consigo mesmo	168
295	Uma teoria do sono	168
296	Ociosidade sagrada	169
297	A desgraça moderna	169
298	Imortalidade	170
299	Oração	170
300	O eu	170
301	Visões	171
302	A alma descuidada	171
303	Um jardim antigo	172
304	Experiência	172
305	Dificuldades	172
306	Uma palavra difícil	173
307	Truísmos	173
308	Quanto a pedir conselhos	174
309	Não deixar nenhum resto	174
310	Silêncio perante o juiz	175

311	Nada é tão mortal	175
312	Girar e completar	175
313	Imortalidade	176
314	O eterno agora	177
315	Os silêncios abaixo	177
316	Dependência do álcool	177
317	Lembrete	178
318	Coisas raras e comuns	178
319	Gargalhada sagrada	179
320	O eu	179
321	Ou isto, ou aquilo	179
322	Oração	180
323	Uma consciência pesada	180
324	Dinheiro	181
325	Esfregando a cela	181
326	O mistério do mal	181
327	Prudência	182
328	Competição	182
329	Método	182
330	Prudência	183
331	Como se tornar um tonto	183
332	Amor	183
333	O arrependimento do pregador	184
334	Ações	184
335	Oração	185
336	A casa não é para mim	185
337	Acumulação	185
338	A primeira tarefa do dia	186
339	Ilusão obstinada	186
340	Regras de conversa	186
341	Uma forma negligenciada de justiça	187
342	Bem	187

343	Não farás para ti imagem de escultura	187
344	Como se tornar um tonto	188
345	Nossa insolvência	188
346	Que pena!	188
347	Sobre o método	189
348	Desejando	189
349	Temor	189
350	A raiz de toda rebelião	190
351	Duas jovens tolas	190
352	Hospitalidade	190
353	Tédio	191
354	Calculando o custo	191
355	Realismo	192
356	Avareza	192
357	Armadilha para pegar lagosta	193
358	A primeira visita	193
359	Lembrete	194
360	O caminho errado com a ansiedade	194
361	Impasse	195
362	Solidão	195
363	Morte	195
364	O mistério do mal	195
365	O último recurso	196

Fontes 197
Bibliografia 203

PREFÁCIO

Tudo o que sei sobre George MacDonald aprendi em suas próprias obras ou na biografia, *George MacDonald and his Wife* [George MacDonald e sua esposa], que seu filho, dr. Greville MacDonald, publicou em 1924. Tampouco conversei, exceto uma única vez, com alguém que o tenha conhecido. Portanto, quanto aos poucos fatos que vou mencionar, sou inteiramente dependente do dr. MacDonald.

Aprendemos com Freud e outros sobre as distorções de caráter e os equívocos de pensamento resultantes de antigos conflitos de um homem com seu pai. De longe, a coisa mais importante que podemos saber sobre George MacDonald é que toda a sua vida ilustra o processo oposto. Um relacionamento quase perfeito com seu pai constituía a raiz terrena de toda a sua sabedoria. George afirmou que aprendeu de seu próprio pai, em primeiro lugar, que a paternidade deve estar no âmago do universo. Portanto, ele foi preparado de uma forma incomum para ensinar aquela religião na qual a relação entre o Pai e o Filho, de todas, é a mais central.

Seu pai parece ter sido um homem notável — alguém inflexível, terno e bem-humorado, tudo ao mesmo tempo, ao antigo estilo do cristianismo escocês. Esse homem teve sua perna amputada um pouco acima do joelho, em dias que antecederam o advento do clorofórmio, recusando-se a ingerir a usual dose de uísque, sendo que, apenas por um instante, quando a faca primeiro transfixou a carne, virou o rosto e emitiu um débil e sibilante gemido. Com uma piada fantástica sobre si mesmo, o pai de George conseguiu abrandar uma horripilante revolta na qual ele estava quase sendo queimado. Ele proibiu seu filho de tocar uma sela antes de aprender a cavalgar bem sem ela. Ainda o aconselhou a "desistir do infrutífero jogo da poesia". Igualmente, solicitou e obteve a promessa do filho de renunciar ao tabaco com a idade de vinte e três anos. Por outro lado, opôs-se à prática de atirar em aves pela crueldade do ato e, em geral, demonstrou uma ternura pelos animais pouco usual entre os fazendeiros de sua época. O filho relata que, quando jovem e adulto, o pai jamais lhe pediu algo sem obter o que solicitara. Sem dúvida, isso muito nos revela sobre o caráter tanto do pai quanto do filho. "Quem busca o Pai mais do que qualquer coisa que possa receber provavelmente recebe o que solicita, pois é improvável que peça mal." A máxima teológica possui raízes nas experiências da infância do autor. Isso é o que pode ser chamado de "dilema antifreudiano" em ação.

A família de George (exceto seu pai, provavelmente) era, claro, calvinista. Do lado intelectual, sua história é,

Prefácio

em grande parte, uma história de fuga da teologia na qual foi educado. Histórias de tal emancipação eram comuns no século XIX, porém a de George MacDonald pertence a esse padrão familiar apenas com uma distinção. Na maioria das histórias, a pessoa emancipada, não contente em repudiar as doutrinas, passa também a odiar os seus ancestrais e até mesmo toda a cultura e a maneira de vida a eles associadas. Portanto, obras como *The Way of All Flesh*[1] [O destino de toda carne] vieram a ser escritas, e gerações posteriores, se não engolem toda a sátira como história, pelo menos perdoam o autor pela compreensível parcialidade que alguém, nas mesmas circunstâncias que ele, dificilmente conseguiria evitar. No entanto, não encontramos qualquer vestígio de tal ressentimento nas obras de MacDonald e tampouco somos nós que temos de encontrar circunstâncias atenuantes para seu ponto de vista. Pelo contrário, ele mesmo, no próprio centro de sua revolta intelectual, é que nos força a ver ou não elementos de real e, talvez, insubstituível valia naquilo contra o que ele se rebela.

Durante toda a sua vida George permaneceu fiel ao seu amor pela rocha da qual foi talhado. O melhor de seus

---

[1] Livro autobiográfico publicado por Samuel Butler em 1903, no qual o autor conta a história de quatro gerações da família Pontifex. Considerado por George Orwell "um ótimo livro, porque oferece um retrato honesto da relação entre pai e filho", consiste em uma crítica aos valores da época vitoriana. O título é baseado em uma frase do texto bíblico de 2Reis 2:2. [N. E.]

GEORGE MACDONALD

romances nos transporta de volta àquele mundo "rural" de granito e charco, de campos de branqueamento ao lado de riachos que parecem fluir não com água, mas com um líquido mais consistente. Leva-nos também aos sons monótonos do maquinário de madeira, aos bolos de aveia, ao leite, ao orgulho, à pobreza e ao amor passional do aprendizado obtido a duras penas. Seus personagens principais são os que revelam o quanto o amor real e a sabedoria espiritual podem coexistir com a declaração de uma teologia que não parece encorajar nenhum dos dois. Sua própria avó, uma velha senhora verdadeiramente terrível, capaz de queimar o violino de seu tio como se fora uma armadilha satânica, poderia muito bem ter lhe parecido como o que é agora (imprecisamente) chamado de "uma simples sádica". Não obstante, quando algo muito parecido com ela é delineado em *Robert Falconer*[2] e novamente em *What's Mine's Mine* [O que é meu é meu], somos compelidos a olhar com mais profundidade — para ver, no interior da crosta repelente, algo de que possamos nos compadecer de todo o coração e até mesmo respeitar com reservas. Dessa forma, MacDonald ilustra não a duvidosa máxima de que conhecer tudo é perdoar tudo, mas a inabalável verdade de que perdoar é conhecer. Quem ama vê.

George nasceu no ano de 1824, em Huntly, Aberdeenshire, entrando para o King's College, em Aberdeen,

---

[2]Robert Falconer (1867–1943) foi um erudito canadense que, a despeito de ser biblista de formação, escreveu sobre vários assuntos. [N. T.]

Prefácio

com a idade de dezesseis anos. Em 1842, ele passou alguns meses no Norte da Escócia, catalogando a biblioteca de uma grande casa que jamais foi identificada. Menciono esse fato porque tal experiência causou uma duradoura impressão no jovem MacDonald. Vista principalmente da biblioteca e sempre através dos olhos de um estrangeiro ou subordinado (o sr. Vane, em *Lilith*, jamais parece estar em casa mesmo na biblioteca que é chamada de sua), a imagem de uma grande casa assombra os seus livros. Assim sendo, é razoável supor-se que "a grande casa no Norte" tenha sido o cenário de alguma importante crise ou evolução em sua vida. Talvez tenha sido lá que George primeiro veio a ser influenciado pelo Romantismo germânico.

Em 1850, George recebeu o que é tecnicamente conhecido como um "chamado" para se tornar o ministro de uma dissidente capela em Arundel. Por volta de 1852, ele estava em apuros com os "diáconos", por heresia, sob a acusação de que teria expressado a crença em um estado futuro de provação para os pagãos e estaria maculado com a teologia germânica. Para se livrarem dele, os diáconos adotaram um método indireto, rebaixando seu salário — que somava cento e cinquenta libras ao ano, estando ele já casado — na esperança de que isso o levaria a renunciar. No entanto, eles subestimaram o homem. MacDonald simplesmente respondeu que a notícia era ruim o suficiente, mas que ele iria tentar viver com menos. E, por algum tempo, ele assim prosseguiu, sendo auxiliado pelas ofertas dos paroquianos mais pobres, que não compartilhavam da visão dos

GEORGE MACDONALD

diáconos mais prósperos. Em 1853, no entanto, a situação tornou-se insustentável. Ele, por fim, renunciou, abraçando a carreira de palestrante, educador, pregador ocasional e escritor, além de "bicos", os quais foram a sua sina quase até o fim. George faleceu em 1905.

Seus pulmões adoeceram, e sua pobreza tornou-se extrema. A total inanição foi, algumas vezes, impedida apenas por aquelas salvações de última hora que os agnósticos atribuem à sorte, e os cristãos, à Providência. É contra esse histórico de reiterados fracassos e incessantes perigos que alguns de seus textos podem ser lidos com maior proveito. Suas resolutas condenações à ansiedade vêm de alguém que adquiriu o direito de falar; tampouco o tom delas encoraja a teoria de que devem algo ao pensamento patológico de desejo — a *spes phthisica*[3] — dos tuberculosos. Não há nenhuma evidência a sugerir tal caráter. Sua paz de espírito não vinha da construção do futuro, mas de descansar no que ele chamava de "o presente santo". Sua resignação com respeito à pobreza encontrava-se no extremo oposto daquela dos estoicos. Ele parece ter sido um homem radiante e brincalhão, dotado de profunda apreciação por todas as coisas realmente bonitas e deliciosas que o dinheiro pode comprar e não menos satisfeito em viver sem elas. Talvez seja significativo e, certamente, tocante o fato de sua principal fraqueza ter sido um elevado

---

[3] A expressão latina *spes phthisica* era usada no século XIX para se referir a um estado de criatividade artística que, conforme se acreditava, acometia os diagnosticados com tísica, isto é, a tuberculose. [N. T.]

26

Prefácio

amor pela elegância; por toda a sua vida, George foi tão hospitaleiro como somente os pobres podem ser. Se definirmos a literatura como uma arte cujo meio são as palavras, então, certamente, MacDonald não tem lugar na primeira fila, quiçá nem mesmo na segunda. De fato, há passagens em que a sabedoria e (ousarei chamar de) a santidade em seu interior triunfam sobre, e até mesmo pulverizam, os elementos mais básicos em seu estilo: a expressão torna-se precisa, convincente, econômica, adquirindo um aspecto cortante. Porém ele não mantém esse nível por muito tempo. A textura de sua escrita é indistinta como um todo e, por vezes, hesitante. Tradições ruins de pregação também estão presentes; há, algumas vezes, uma verbosidade não conformista, em outras, uma velha fraqueza escocesa por floreios (isso corre entre eles, de Dunbar[4] a *Waverly Novels* [Os romances Waverly]),[5] ainda em outras, uma excessiva doçura extraída de Novalis.[6] Porém isso não o descarta aos olhos do crítico

---

[4]William Dunbar, poeta escocês nascido em 1459 ou 1460 e morto por volta de 1530, conhecido por sua habilidade em variar temas e estilos e por seu lirismo sofisticado. [N. E.]

[5]Refere-se a uma série de romances escritos por Sir Walter Scott, que, por quase cem anos, foi extremamente popular em toda Europa. Publicado em 1814, o primeiro volume conta a história de Edward Waverly, um soldado inglês que, antes de ir para a guerra, visita seus parentes na Escócia. Por terem temáticas parecidas, os demais volumes ficaram conhecidos como "Os romances Waverly". [N. E.]

[6]George Philipp Friedrich von Hardenberg, conhecido pelo pseudônimo Novalis, foi um dos principais representantes do chamado Romantismo místico alemão, nascido em 1772 e morto em 1801, vítima da tuberculose. [N. E.]

literário. O que ele faz de melhor é a fantasia — fantasia que flutua entre a alegoria e o mitopeico. E isso, em minha opinião, George realiza melhor que qualquer outro. O problema crítico com o qual somos confrontados é se esta arte — a arte de criar mitos — constitui uma espécie de arte literária. A objeção de assim classificá-la é que o mito não existe essencialmente em *palavras*, afinal. Todos nós concordamos que a história de Balder[7] é um grande mito, algo de valor inesgotável. Mas qual versão, que palavras temos em mente quando proferimos isso?

De minha própria parte, a resposta é que não estou pensando nas palavras de ninguém. Nenhum poeta, pelo que conheço ou recordo, contou essa história de forma suprema. Eu não estou pensando em nenhuma versão em particular. Se a história é, em algum lugar, personificada em palavras, isso é quase um acidente. O que realmente me delicia e alimenta é um padrão particular de eventos que me deliciaria e alimentaria da mesma forma se houvesse chegado até mim por algum meio que não envolvesse palavra alguma — uma mímica ou filme mudo. E descubro que isso é verdade no tocante a todas essas histórias. Quando penso na história dos argonautas e a louvo, não estou louvando Apolônio Ródio[8] (o qual nunca

---

[7]Na mitologia nórdica, Balder é o deus da sabedoria e da justiça, filho de Odin e Frigga. [N. E.]
[8]Poeta grego do século III a.C., autor do poema épico *As Argonáuticas*, que narra a história de Jasão e dos argonautas, em sua viagem da Grécia até a Cólquida, onde hoje fica a Geórgia. [N. E.]

Prefácio

terminei), tampouco Kingsley[9] (a quem esqueci), nem mesmo Morris,[10] embora considere a sua versão um poema deveras agradável. A respeito disso, as histórias do tipo mítico encontram-se no polo oposto ao da poesia lírica. Ao tentar considerar o "tema" de *Ode a um rouxinol*, de Keats,[11] separado das próprias palavras com as quais o autor personificou a sua obra, você descobrirá estar falando sobre quase nada. Forma e conteúdo podem ser lá separados apenas por uma falsa abstração. Porém, no caso de um mito — em uma história em que o mero padrão de eventos é tudo o que interessa —, as coisas não são assim. Qualquer meio de comunicação que seja bem-sucedido em alojar os eventos em nossa imaginação consegue, como dizemos, "realizar o truque". Depois disso, você pode jogar fora o meio de comunicação. Na verdade, se o meio de comunicação são palavras, é desejável que sejam bem escolhidas, assim como é desejável que uma carta, ao trazer-lhe notícias importantes, seja adequadamente escrita. Contudo esse é um inconveniente menor, pois a carta acabará, de qualquer modo, dentro de um cesto de lixo tão logo você tome conhecimento de seu conteúdo, e as palavras (aquelas que Lemprière[12] teria escrito) estarão

---

[9]Charles Kingsley, romancista inglês do século XIX e autor de diversas obras sobre a mitologia grega. [N. E.]

[10]William Morris, poeta e romancista inglês do século XIX, autor de uma versão do mito dos argonautas chamada *The Life and Death of Jason* [A vida e morte de Jasão]. [N. E.]

[11]John Keats, poeta romântico inglês (1795–1821) [N. T.].

[12]Refere-se a John Lemprière (1765–1824), classicista, lexicógrafo, teólogo, professor e diretor de escola.

fadadas a ser esquecidas, assim que você se apoderar do mito. Na poesia, as palavras constituem o corpo, enquanto o "tema" ou "conteúdo" constitui a alma. Porém, no mito, os eventos imaginados constituem o corpo, e algo inexpressível é a alma: as palavras, ou mímica, ou filme, ou série ilustrada nem mesmo são roupas — não são muito mais que um telefone. Tive evidência disso quando, há alguns anos, ouvi pela primeira vez a história do *Castelo*, de Kafka, narrada em conversação e, mais tarde, li o livro. A leitura nada me acrescentou, pois já havia recebido o mito, que era tudo o que importava.

A maioria dos mitos foi criada em tempos pré-históricos e, suponho, não de modo consciente pelos indivíduos. Porém, de quando em quando, surge no mundo moderno um gênio — um Kafka ou um Novalis — capaz de realizar tal proeza. MacDonald é o maior gênio desse tipo que eu conheço, mas não sei como classificar tal genialidade. Chamá-lo de gênio literário não parece satisfatório, uma vez que isso pode coexistir com grande inferioridade na arte das palavras, já que sua conexão com elas é meramente externa e, de certo modo, acidental. Tampouco pode ser enquadrado em qualquer uma das outras artes. Começa a parecer que há uma arte, ou um dom, que a crítica ignora completamente. Pode mesmo ser uma das mais nobres artes, pois produz obras que nos propiciam, no primeiro contato, tanto deleite e, no contato mais prolongado, tanta sabedoria e força quanto as obras dos maiores poetas. De certo modo, é mais semelhante à música que à poesia

Prefácio

ou, pelo menos, à maioria delas. Vai além da expressão de coisas que sentimos, suscitando em nós sensações que jamais experimentamos e nunca imaginamos ter antes, como se tivéssemos rompido nosso modo normal de consciência e "possuíssemos alegrias não prometidas em nosso nascimento". Isso penetra a nossa pele, nos atinge em um nível mais profundo que nossos pensamentos ou mesmo as nossas paixões, abalando as mais velhas certezas até que todas as questões sejam reabertas, e, em geral, nos deixa mais conscientes do que na maior parte de nossa vida. Foi nessa arte mitopeica que MacDonald distinguiu--se. As grandes obras são *Phantastes*, os livros *Curdie*, *The Golden Key* [A chave dourada], *The Wise Woman* [A mulher sábia] e *Lilith*. Deles, simplesmente pelo fato de que são supremamente bons em seu estilo, há pouco a ser extraído. O significado, a sugestão, o resplendor, estão encarnados no todo da história: é só por acaso que você descobre méritos destacáveis. Os romances, por outro lado, permitiram-me uma rica colheita. Isso não quer dizer que sejam bons romances. A necessidade fez de MacDonald um romancista, e poucos dos seus romances são bons, e nenhum é muito bom. Eles são melhores quando se distanciam dos cânones da escrita de romances, e isto em duas direções. Algumas vezes eles se distanciam para se aproximar da fantasia, como é o caso do personagem do herói em *Sir Gibbie* ou nos capítulos de abertura de *Wilfred Cumbermede*. Algumas vezes eles divergem para pregações longas e diretas, o que seria

31

intolerável se alguém estivesse lendo uma história, mas na verdade essas digressões são bem-vindas porque seu autor era fraco como romancista mas supremo como pregador. Algumas de suas melhores coisas estão, portanto, escondidas nos seus livros mais enfadonhos: minha tarefa neste caso tem sido quase que de exumação. Até o momento estou falando dos romances como acho que eles vão parecer se julgados por qualquer padrão objetivo racional. Mas sem dúvida é verdade que qualquer leitor que ama a santidade e ama MacDonald — esse leitor talvez terá de amar a Escócia também — poderá encontrar na pior parte desses romances algo que desarme a crítica e encontrará um encanto estranho e esquisito em suas falhas (mas é isso o que acontece, claro, com todos os autores favoritos). Há que se admitir um raro mérito nesses romances. Os personagens bons são sempre os melhores e mais convincentes. Os santos dos romances de MacDonald vivem, os vilões são excessivamente dramáticos. E, tal como eu disse, esta coleção foi pensada não para reviver a reputação literária de MacDonald, mas sim para disseminar seu ensino religioso. Daí que a maior parte do que extraí foi retirada dos três volumes dos *Unspoken Sermons* [Sermões inéditos]. Minha dívida para com esse livro é quase tão grande quanto a que um homem pode ter para com outro, e quase todos os pesquisadores sérios aos quais eu o apresentei reconheceram que o livro lhes foi muito útil — algumas vezes, uma ajuda indispensável para a própria aceitação da fé cristã.

Prefácio

Não vou tentar fazer qualquer classificação histórica ou teológica do pensamento de MacDonald primeiramente porque não tenho erudição para fazer isso, e, mais que isso, porque não sou apreciador desse tipo de compartimentalizações. Uma maneira muito eficiente de silenciar a voz da consciência é impor um "ismo" ao mestre através de quem ela fala: a trombeta não perturba mais nosso descanso quando murmuramos "tomista", "barthiano" ou "existencialista". E em MacDonald é sempre a voz da consciência que fala. Ele se dirige à vontade: é incessante a necessidade da obediência, de algo "que precisa ser *feito*, nem mais nem menos". E nessa voz da consciência todas as demais faculdades falam de igual maneira — intelecto e imaginação, humor, refinamento e todos os afetos, e nenhum outro homem nos tempos modernos foi tão consciente da distinção entre Lei e Evangelho, do inevitável fracasso da mera moralidade. A filiação divina é o conceito-chave que une todos os diferentes elementos do seu pensamento. Não ouso dizer que ele nunca errou; mas, falando francamente, não conheço outro autor que parece estar mais próximo, ou mais continuamente próximo, do Espírito de Cristo. Vem daí a união cristológica de ternura e severidade de MacDonald. Em nenhum lugar fora do Novo Testamento encontrei terror e conforto tão interligados. O título "Amor inexorável" que dei a vários excertos serviria para todo o livro. Inexorabilidade — mas nunca a inexorabilidade de qualquer coisa menor que o amor — percorre toda a coleção como um refrão; "fugir é

GEORGE MACDONALD

inútil" — "entre em acordo rapidamente com o teu adver-
sário" — "uma ânsia por detrás" — "até o último centavo
será exigido". E essa urgência nunca se torna estridente.
Todos os sermões são impregnados de um espírito de amor
e maravilhamento que os impedem de sê-lo. MacDonald
apresenta um Deus ameaçador, mas que (como Jeremy
Taylor diz) "ameaça coisas terríveis se nós não ficarmos
felizes". Em muitos sentidos, o pensamento de MacDonald
tem, em alto grau, aquelas excelências que ultrapassam as
expectativas de seu tempo e de sua história pessoal. Um
romântico, fugindo de uma teologia intelectual árida, poderia facilmente ser traído por valorizar a simples emoção e
a "experiência religiosa", elevando-as sobremaneira; mas,
de fato, poucos escritores do século XIX são mais firme-
mente católicos ao relegar o sentimento ao seu lugar apropriado (veja os números 1, 27-28, 37, 39, 351.) Toda a sua
filosofia da natureza (veja os números 52, 67, 150-151,
184-185, 187-189, 285) com sua insistência resoluta no
concreto, deve pouco ao pensamento de uma época que
flutuava entre o mecanicismo e o idealismo; ele evidentemente estaria mais à vontade com o professor Whitehead
do que com Herbert Spencer ou T. H. Green. O excerto
número 285 é para mim particularmente admirável. Todos
os românticos estão vividamente cônscios da mutabilidade,
mas muitos deles estão contentes em lamentá-la: para
MacDonald essa nostalgia é meramente o ponto de par-
tida — ele vai além e descobre para que ela foi feita. Sua
psicologia também é digna de nota: ele é tão plenamente

Prefácio

ciente quanto os modernos de que o eu consciente, a coisa revelada pela introspecção, é uma superfície. Isso explica os porões e os sótãos do castelo do Rei em *A princesa e o Goblin*, e o terror de sua própria casa que recai sobre o Sr. Vane in *Lilith*: vem daí também sua crítica formidável (201) de nossas suposições diárias a respeito do eu. Talvez o mais admirável de tudo seja a função — uma função inferior e primitiva, mas mesmo assim indispensável — que ele atribui ao temor na vida espiritual (veja os números 3, 5-7, 137, 142-143, 349). Nesse aspecto, uma reação contra ensinos mais antigos poderia tê-lo conduzido a um liberalismo superficial. Contudo, isso não aconteceu. De fato, ele tem a esperança de que todos os homens serão salvos, mas é porque ele tem a esperança de que todos vão se arrepender. Ele sabe (melhor do que ninguém) que nem mesmo a onipotência pode salvar o não convertido. Ele nunca brinca com impossibilidades eternas. MacDonald é tão brilhante e genial como Traherne,[13] mas também é tão severo quanto a *Imitação*.[14]

Então, pelo menos eu o encontrei. Ao elaborar esta antologia, estava me livrando de uma dívida de justiça. Nunca escondi o fato de que eu o considero como meu mestre e, na verdade, eu gostaria de nunca ter escrito um livro sem

---

[13]Thomas Traherne (1636/7–1674) foi um clérigo anglicano inglês que escreveu poesia de cunho religioso [N. T.].

[14]Lewis está muito provavelmente se referindo a *Imitação de Cristo*, clássico de espiritualidade cristã, escrita no século XV pelo místico cristão alemão Thomas Kempis (1380–1471) [N. T.].

citá-lo. Contudo, não me parece que aqueles que bondosamente receberam meus livros se dão conta dessa filiação. A honestidade me impulsiona a enfatizar este ponto. E, mesmo se a honestidade não o fizer, bem, sou professor universitário, e "caçar as fontes" (*Quellenforschung*) talvez esteja no meu âmago. Creio ter sido há mais de trinta anos que comprei — quase a contragosto, pois já havia examinado o volume na prateleira e o rejeitado inúmeras vezes antes — a obra *Phantastes*, da editora Everyman.[15] Horas mais tarde, tive a convicção de haver cruzado uma grande fronteira. Já havia mergulhado no Romantismo, provavelmente fundo o bastante para, a qualquer momento, começar a debater-me em suas formas mais sombrias e malignas, serpenteando o íngreme declive que leva do amor pela singularidade àquele pela excentricidade e dali para o amor pela perversidade. *Phantastes* era romântico o suficiente em toda a consciência, porém havia uma diferença. Naquela época, nada estava mais distante dos meus pensamentos que o cristianismo e, portanto, eu não tinha a mínima noção de que diferença era aquela. Apenas tinha consciência de que, se esse novo mundo era estranho, era igualmente simples e humilde; de que, se isso era um sonho, era um sonho no qual a pessoa, pelo menos, sentia-se estranhamente vigilante; de que todo o livro tinha um tipo de inocência matutina e tranquila e, também,

---

[15]Everyman foi uma editora fundada no início do século XX na Inglaterra com objetivo de republicar grandes clássicos da literatura ocidental [N. T.].

Prefácio

inequivocamente, certa qualidade de Morte, de *boa* Morte. Na realidade, o resultado dessa experiência em mim foi a conversão, até mesmo batismo (no qual a Morte surgiu), da minha imaginação. Nada ocorreu ao meu intelecto e tampouco, naquela época, à minha consciência. Isso aconteceu muito mais tarde e com o auxílio de muitos outros livros e homens. Entretanto, quando o processo se completou — com isso, claro, quero dizer "quando *realmente* começou" —, descobri que ainda estava com MacDonald, pois ele havia me acompanhado por todo o caminho e, agora, por fim, eu estava pronto para escutar dele muitas coisas que ele não poderia ter me contado em nosso primeiro encontro. Porém, em certo sentido, o que ele estava me dizendo agora era exatamente o mesmo que me dissera desde o princípio. Não havia dúvidas quanto a ir ao cerne e descartar a casca. Nenhum questionamento quanto a isso ser uma pílula dourada. A pílula era ouro puro.

A qualidade que me encantara em suas imaginativas obras transformou-se na qualidade do universo real, do divino, da magia, abalando e extasiando a realidade na qual nós todos vivemos. Eu teria sido impactado em minha adolescência se alguém me dissesse que aquilo que aprendi a amar em *Phantastes* era bondade. Porém, agora consciente, percebo que não houve decepção, pois ela está no sentido contrário — naquele moralismo prosaico que restringe a bondade à região da Lei e do Dever; que jamais nos permite sentir, soprando em nosso rosto, a doce brisa da "terra da justiça", e nunca nos revela aquela

Forma fugidia que, se vista, inevitavelmente é desejada com todo o ardor — algo (na frase da poetisa grega Safo) "mais dourado do que o próprio ouro".

Não é meu propósito produzir uma edição crítica do texto de MacDonald. Além dos meus erros inconscientes de transcrição, eu "adulterei" o texto de duas maneiras. Toda a dificuldade em produzir excertos está em deixar o sentido perfeitamente claro sem reter o que você não deseja. Ao tentar fazê-lo, eu interpolei vez ou outra uma palavra (sempre entre parênteses) e algumas vezes alterei a pontuação.

C. S. Lewis

George *MacDonald*

Uma antologia

1 | *Aridez*

É aperfeiçoado na fé aquele que sai ao encontro de
Deus na carência total de seus sentimentos e desejos,
sem vontades, sem um lampejo ou aspiração, com o peso
de pensamentos baixos, fracassos, negligências e um
esquecimento errante, e diz a ele: "Tu és o meu refúgio"[1].

2 | *Amor inexorável*

Nada é inexorável, a não ser o amor. Amor que se
apega à oração é imperfeito e pobre. Nem é então o
amor que produz, mas a liga dele [...] pois o amor ama
até à pureza. O amor sempre tem em vista a beleza
daquilo que contempla. Onde a beleza é incompleta
e o amor não pode amar sua plenitude de amor, ele se
gasta mais para torná-la mais amável, para que possa
amá-la mais. O amor busca a perfeição, ainda que
ele mesmo possa ser aperfeiçoado — não em si, mas
em seu objeto [...] Portanto, tudo que não é belo no
amado, tudo que está entre o amor e o que é amado
e que não é da natureza do amor, deve ser destruído.
E o nosso Deus é um fogo consumidor.

---

[1]A fonte desta e das próximas citações está em "Fontes", com início na
página 197.

3 | *Fogo divino*

Ele abalará céus e terra, e só o que é inabalável permanecerá. Ele é um fogo consumidor, de modo que somente o que não pode ser consumido poderá permanecer eternamente. É da natureza tão terrivelmente pura de Deus destruir tudo o que não for puro como o fogo, o que exige pureza em nossa adoração. Ele terá a pureza. Isto não quer dizer que o fogo nos queimará se não adorarmos dessa maneira; pelo contrário, ele continuará a queimar dentro de nós até que tudo aquilo que lhe é estranho ceda à sua força, já não mais com dor e desgaste, e sim como a mais elevada consciência da vida, a presença de Deus.

4 | *O princípio da sabedoria*

Como os hebreus deveriam estar aterrorizados diante daquilo que era contrário a tudo o que eles sabiam sobre si mesmos, julgando que seria bom honrar um bezerro de ouro? Sendo como eram, eles fizeram bem em demonstrar temor […] O temor é mais nobre do que a sensualidade. O temor é melhor que não ter nenhum Deus, é melhor do que um deus feito por mãos humanas […] A adoração em temor é verdadeira, ainda que muito inferior, e ainda que não seja aceitável por Deus em si,

Uma antologia

pois somente a adoração em espírito e verdade é aceitável a ele, mesmo assim isto é precioso aos seus olhos, pois ele considera os homens não como eles simplesmente são, mas como eles serão; não como eles simplesmente serão, mas como eles estão agora se desenvolvendo ou como são capazes de se desenvolver, para alcançar a imagem que ele mesmo definiu para eles. Logo, mil estágios, cada um sem valor em si, são de valor inestimável como as gradações necessárias e conectadas de um progresso infinito. Uma condição da qual da decadência indicar-se-ia um demônio, pode do crescimento revelar um santo.

5 | *O despertado*

Poderá isto servir de algum conforto para eles, alguém lhes dizer que Deus os ama de modo que os queimará para que sejam purificados? [...] Eles não querem ser purificados nem suportam ser torturados.

6 | *Sinai*

Acaso Deus não está pronto para fazer sobrevir a eles como eles temem, ainda que com outro sentimento e com um fim diferente de qualquer coisa que sejam capazes de imaginar? Ele é contra o pecado, na medida em que, e enquanto, o pecado e eles são uma coisa só.

Ele está contra eles — contra os desejos, os objetivos, os temores e as esperanças deles; mas, mesmo assim, ele é sempre e completamente a favor deles. O trovão, o relâmpago e a tempestade, a escuridão com o som da trombeta, o horror visível, tudo isso cresceu com a voz das palavras, e tudo isso era apenas uma pálida imagem […] do que Deus pensa e sente contra a vileza e o egoísmo, acerca da inquietação e da repulsa incontestável com que ele considera essas situações.

7 | *Não*

Quando dizemos que Deus é amor, será que ensinamos às pessoas que o medo que sentem dele é infundado? Não. O que elas temem lhes sobrevirá, e possivelmente ainda mais […] A ira consumirá o que elas *chamam* de seu "eu", para que apareçam os "eus" criados por Deus.

8 | *A lei da Natureza*

Pois o que não pode ser abalado permanecerá.
O que é imortal em Deus permanecerá no ser humano.
A morte que está na humanidade será consumida pela lei da Natureza, isto é, a lei de Deus: tudo que é passível de destruição será destruído.

Uma antologia

9 | *É impossível fugir*

O indivíduo cujas obras são más teme o fogo. Contudo, o fogo não virá, a não ser que ele o tema ou o negue. É impossível fugir porque o amor é inexorável. Nosso Deus é fogo consumidor. O indivíduo não se verá livre enquanto não tiver pagado até o último centavo.

10 | *A palavra*

Mas neste ponto a Bíblia é muito mal-entendida. Em nenhum lugar ela alega ser considerada como *a* Palavra, *o* Caminho, *a* Verdade. A Bíblia nos leva a Jesus, a inesgotável e sempre aclaradora Revelação de Deus. É Cristo, "em quem estão ocultos todos os tesouros da sabedoria e do conhecimento", e não a Bíblia, que nos leva a ele.

11 | *Conheci uma criança*

Conheci uma criança que acreditava ter cometido pecado contra o Espírito Santo porque ela, no banheiro, fizera uso errado de um alfinete. Não ouse me repreender por reduzir a fantasia doentia de uma criança a uma questão pesada de teologia.

45

Não despreze tais pequeninos. Será que os teólogos estariam tão próximos da verdade em assuntos tais como a fantasia doentia de uma criança? Fantasia doentia! A criança sabia e estava consciente de que sabia que estava fazendo algo errado porque tinha sido proibida de fazê-lo. Havia uma base racional para o seu medo [...] Ela não teria dito que era boba e "não se importava". Em se tratando de uma criança como era, não poderia ele ter-lhe dito: "Eu não te condeno: vá e não peques mais"?

12 Assassinato espiritual

Seria um pecado infinitamente menor assassinar uma pessoa que se recusar a perdoar-lhe. O assassinato poderia ter sido um momento passional; recusar o perdão teria sido a escolha do coração. O assassinato espiritual — o pior, consiste em odiar, remoer o sentimento de exclusão, o que mata, em nosso microcosmo, a imagem, a ideia do odiado.

13 Impossibilidades

Ninguém que deixa de perdoar a seu próximo pode crer que Deus está disposto, e até mesmo desejoso de perdoar-lhe [...] Se Deus disser "eu lhe perdoo" a um homem que odiou seu irmão, e se (ainda que impossível) essa voz de perdão alcançasse esse homem, o que isso significaria para ele? Como ele interpretaria isso? Será que significaria para ele: "Você pode continuar odiando. Eu não me importo. Você foi muito provocado e está certo em seu ódio"? Sem dúvida, Deus leva em conta o erro e a provocação, mas, quanto maior a provocação, maior a desculpa para o ódio, e mais razão haverá, se isso é possível, para que a pessoa absorta em ódio seja livrada do inferno do seu ódio [...] Esse indivíduo não pensaria que Deus amou o pecador, mas que ele perdoou o pecado, o que Deus nunca faz (i.e., o que geralmente é chamado de "perdoar o pecado" significa perdoar ao pecador e destruir o pecado). *Cada* pecado precisa se encontrar com seu destino devido — a expulsão inexorável do paraíso da Humanidade de Deus. Ele ama tanto o pecador que não pode perdoar-lhe de qualquer outra maneira a não ser expulsando do íntimo da pessoa o demônio que a possui.

14 | *A verdade é a verdade*

A verdade é a verdade, seja ela proveniente dos lábios de Jesus, seja dos de Balaão.

15 | *A pedra branca*
(Apocalipse 2:17)

Dar uma pedra branca com um novo nome é a comunicação ao homem do que Deus pensa a respeito do homem. É o julgamento divino, o juízo santo solene ao justo, o "Vinde, bendito", dito ao indivíduo [...] O nome verdadeiro é aquele que expressa o caráter, a natureza, o *significado* da pessoa que o possui. É o próprio símbolo do homem — uma representação de sua alma, por assim dizer —, o sinal que pertence a ele, e a ninguém mais. Quem é que pode dar isso ao homem, o seu próprio nome? Só Deus. Isso porque ninguém, a não ser Deus, vê o que o homem é [...] É somente quando o homem "torna-se" o seu nome, que Deus lhe dá a pedra com o nome inscrito, pois é só aí que ele pode entender o que seu nome significa. É o florescimento, a completude que determina o nome: e Deus previu isso desde o princípio porque ele o fez, mas a árvore da alma, antes que venha o florescimento, não pode entender o que esse florescimento é, nem pode saber o que a palavra significa que, ao representar sua própria completude ainda não acontecida, chamada de si. Tal nome não pode ser dado até que o homem seja o nome. O nome que Deus dá ao homem deve ser a expressão da própria ideia divina do homem, aquela da pessoa que ele tinha em mente quando começou a gerar a criança, e da pessoa que ele guardou na mente por meio do longo processo da criação até a concretização da ideia. Dizer o nome é selar a realização: dizer "em ti me comprazo".

16 | *Personalidade*

O nome é tal, "que ninguém conhece, a não ser aquele que o recebeu". Então, não somente cada pessoa tem seu relacionamento individual com Deus, mas também seu relacionamento peculiar com Deus. Cada pessoa é um ser peculiar para Deus, feito à sua imagem, e ninguém mais. Decorre daí que tal indivíduo pode adorar a Deus como ninguém mais pode fazê-lo.

17 | *O segredo no homem*

Deus tem uma resposta diferente para cada um. Ele tem um segredo com cada um — o segredo de um nome novo. Em cada homem há uma solidão, um recinto interior da vida peculiar onde só Deus pode entrar. Eu digo que não: isto é *o mais profundo recinto interior.*

18 | *Os segredos em Deus*

Há também um recinto (Ó Deus, humildemente peço que aceite o meu dizer) — no próprio Deus onde ninguém pode entrar a não ser o indivíduo, o homem peculiar — esse homem tem que levar revelação e força para seus irmãos que estão fora desse recinto. É para isto que o homem foi criado: para revelar as coisas secretas do Pai.

19 | *Sem massificação*

Não há massificação dos homens com Deus.
Quando ele fala de homens reunidos, trata-se de algo como um corpo espiritual e não de uma missa.

20 | *Sem comparação*

Neste ponto não há lugar para a ambição.
Ambição é o desejo de estar acima do próximo, e neste ponto não há possibilidade de comparação com o próximo: ninguém sabe o que a pedra branca contém, a não ser aquele que a recebe [...] O valor relativo não é apenas desconhecido; para os filhos do Reino, ele é incognoscível.

Uma antologia

21 | *O fim*

"Deus cuidou para me fazer para si mesmo", diz o vencedor com a pedra branca, "e me chamou para aquilo de que eu mais gosto".

22 | *Traça e ferrugem*

O que tem a ver com o tesouro deve ser valorizado como tesouro [...] O coração que assombra a casa do tesouro, onde a traça e a ferrugem fazem estragos, será exposto aos mesmos estragos que o tesouro [...] Muitos homens, muitas mulheres, belos e agradáveis à vista, andam com um coração enferrujado e corroído por traças dentro dessa forma de força ou beleza. "Mas isso é apenas uma figura de linguagem". Verdade. Contudo, é a realidade pretendida mais ou menos que a figura?

23 | *Cavernas e imagens*

Se Deus vê o coração corroído pela ferrugem das preocupações, enfiado em cavernas e envolto em fitas pelos vermes da ambição e da ganância, então seu coração é como Deus o vê, pois Deus vê as coisas como elas são. E um dia você será compelido a ver, a *sentir* o seu coração como Deus o vê.

24 | *Vários tipos de traça*

Esta lição não se aplica apenas aos que adoram Mamom […] Ela se aplica igualmente a quem de um jeito ou de outro adora o que é transitório; aqueles que buscam a aprovação dos homens mais que a aprovação de Deus, aqueles que fazem ao mundo uma demonstração de riqueza, gosto, intelecto, poder, arte ou genialidade de qualquer espécie, e assim recebem elogios valiosos a serem entesourados na casa do tesouro da terra. Não apenas a estes, mas certamente àqueles cujos prazeres são de uma natureza ainda mais evidentemente transitória, tais como os prazeres sensuais de qualquer tipo — se legalmente concedidos, se a alegria de ser está centrada neles, aí estas palavras transmitem uma advertência terrível. O que fere não é o fato de que estes prazeres são falsos como os truques dos mágicos, pois eles não o são, nem o fato de que eles acabam e deixam um desapontamento feroz. Tanto melhor que seja assim. O que fere é que aquilo que é imortal, infinito, criado à imagem do Deus eterno está guardado junto com o que desvanece e apodrece, e está ligado a eles, alojado com o desbotamento e o corruptor como se fora um benefício. E assim se apega a eles até

Uma antologia

que o coração seja infectado e interpenetrado com suas próprias doenças, que assumem uma forma mais terrível em proporção à superioridade de seu tipo.

25 | Escrituras Sagradas

Esta história pode não ser exatamente como o Senhor a contou, mas mesmo assim contém em seu reflexo muito da verdade que somos capazes de receber e nos permitirá fazer a descoberta de uma vida. A influência modificadora dos canais humanos pode ser essencial para o modo revelador de Deus.

26 | Ordena que estas pedras se transformem em pão

O Pai disse: "Isto é uma pedra". O Filho não ia dizer: "Isto é um pão". Nenhum *Fiat*[2] criativo vai contradizer outro. O Pai e o Filho têm o mesmo pensamento. O Senhor poderia passar fome, poderia morrer de fome, mas não ia transformar em outra coisa o que seu Pai fez. Uma transformação assim não aconteceu

---

[2]A palavra latina *Fiat* — "Faça-se" é usada por MacDonald no original [N. T.].

ao alimentar as multidões. O pão e o peixe já eram pão e peixe antes [...] Houve em tais milagres, e creio que em todos, apenas um apressar das aparências: fazer em um dia o que normalmente levaria mil anos, pois o tempo para Deus não é a mesma coisa que é para nós. Ele o faz [...] Mas isso não torna o processo mais milagroso. De fato, para mim a maravilha do milho crescendo é maior do que a maravilha de alimentar a multidão. É mais fácil entender o poder criativo atuando de uma só vez — imediatamente — do que por meio das maravilhas incontáveis, amáveis e aparentemente esquecidas do milharal.

27 | Sentimento religioso

No aspecto mais elevado desta primeira tentação, que surge do fato de que um homem não pode sentir as coisas em que acredita, exceto sob certas condições de bem-estar físico dependentes da alimentação, a resposta é a mesma: não se vive só de pão, e de igual maneira, não se vive só de sentimentos.

28 | Aridez

E, quando já não puder mais *sentir* a verdade, ele, por conseguinte, não morrerá. Ele vive porque Deus é verdade, e ele é capaz de saber que, tendo uma vez entendido a mensagem, vive porque sabe que Deus é a verdade. Ele crê no Deus da visão anterior, e, portanto, vive por aquela palavra, quando tudo está escuro e nada se pode ver.

29 | *Presunção*

"Se tiverdes fé e não duvidares, direis a este monte, vai, e lança-te ao mar, e assim será". Pessoas boas […] vêm sendo tentadas a pôr à prova o Senhor, seu Deus, com base na força dessa palavra […] felizmente para elas, a segurança à qual dariam o nome de fé geralmente fracassa nesses momentos. Fé é, conhecendo a vontade do Senhor, ir e cumpri-la ou, não conhecendo, ficar parado e esperar […] No entanto, colocar Deus à prova de qualquer outra maneira a não ser por dizer "que queres que eu faça?" é uma tentativa de forçar Deus a se revelar ou a apressar sua obra […] Por essa causa o homem está se afastando tanto de Deus que, em vez de agir pela vontade divina em seu interior, age diante de Deus, por assim dizer, para ver o que ele vai fazer. A primeira obrigação do ser humano é "o que Deus quer que eu faça?" e não "o que Deus vai fazer se eu agir assim ou assado?"

30 | O conhecimento de Deus

Qual é a vantagem de dizer *"tu és Deus"* sem saber o que o "tu" significa? Deus não passa de um nome, se não o conhecemos.

31 | A Paixão

É com o mais santo temor que devemos nos aproximar do terrível fato dos sofrimentos de nosso Senhor. Que ninguém pense que esses sofrimentos foram menores porque ele era superior. Quanto mais delicada é a natureza, mais viva ela é para tudo que é amável, verdadeiro, leal e justo, e mais essa natureza sentirá o antagonismo da dor, o avanço da vida sobre a morte, e mais terrível é a ruptura da harmonia das coisas cujo próprio som é uma tortura.

32 | Eli, Eli

Ele não podia ver, não podia senti-lo perto, mas mesmo assim é "Meu Deus" que ele brada. Desse modo, a vontade de Jesus é finalmente triunfante, no exato momento em que parece que sua fé está para sucumbir. Sua fé naquela hora não

teve nenhum *sentimento* no qual se apoiar, nenhuma
visão beatífica para absorvê-la. Ela permaneceu nua
e torturada em sua alma, assim como ele foi açoitado e
ficou despido perante Pilatos. Pura, simples e cercada
pelo fogo, ela clama por Deus.

33 | O mesmo

Sem a tentação derradeira, as tentações de nosso
Mestre não teriam sido tão plenas quanto o cálice
humano é capaz de conter. Haveria uma região pela
qual teríamos de passar, onde poderíamos invocar em
voz alta nosso Capitão-Irmão, e não haveria nenhuma
voz ou som dizendo que ele evitou aquele lugar fatal!

34 | Desolação vicária

Esta é a fé do Filho de Deus. Deus recuou, por assim
dizer, para que a vontade do Filho pudesse se erguer
e se encontrar com a vontade do Pai. É possível
que mesmo então ele tenha pensado nas ovelhas
perdidas que não acreditavam que Deus era o Pai
delas, e por elas também, em toda a perda, cegueira
e desamor delas, ele bradou pronunciando a palavra
que elas poderiam dizer, sabendo que para elas *Deus*
significa *Pai*, e mais ainda.

35 | *Cristãos rastejantes*

Somos e seguimos sendo cristãos rastejantes porque olhamos para nós mesmos, e não para Cristo. Olhamos para as marcas dos nossos próprios pés sujos e para a trilha das nossas roupas imundas [...] Cada qual, colocando seu pé na marca do pé do Mestre, desfigurando-a dessa maneira, volta-se para examinar o grau de correspondência da marca da pegada do seu próximo à que ele ainda diz que é do Mestre, mas que na verdade seja dele mesmo, ou que tendo cometido uma falha mesquinha, isto é, uma falha que apenas uma criatura mesquinha seria capaz de cometer, nós lamentaríamos pelo ultraje a nós mesmos, e a vergonha desta falta diante de nossos amigos, filhos ou empregados, em vez de nos apressarmos para confessar a falta e nos corrigirmos com o nosso próximo e assim, esquecendo nosso próprio *eu* desprezível com sua bem merecida desgraça, levantaríamos nossos olhos para a glória que só irá despertar o verdadeiro homem que há em nós, e matar a criatura insignificante que tão equivocadamente chamamos de nosso *eu*.

36 | *Aridez*

Enquanto não tivermos nada a dizer para Deus, nada a ver com ele a não ser no momento de sol brilhante da mente quando o sentimos perto de nós, somos criaturas

Uma antologia

pobres, voluntariosas e indispostas [...] E geralmente
como agimos nessas condições? Nós nos assentamos
lamentando a perda dos sentimentos? Ou, pior ainda,
fazemos esforços fanáticos para despertá-los?

37 A utilidade da aridez

Deus, pelo dom instantâneo de seu Espírito, não faz com
que nos sintamos corretos, desejemos o bem, amemos a
pureza, anelemos a ele e à sua vontade. Por conseguinte,
ele não o fará, ou não pode fazê-lo. Se ele não o faz, deve
ser porque não seria bom fazê-lo. Se ele não pode, então
ele não faria se pudesse. Caso contrário, uma condição
melhor que a de Deus é concebível para a mente de
Deus [...] Esta é a verdade: ele nos formar segundo
à própria imagem, *escolhendo* o bem, *recusando* o mal.
Como ele levaria isso a cabo se estivesse *sempre* nos
movendo a partir de dentro, tal como faz em intervalos
divinos na direção da beleza da santidade? [...] Pois
Deus formou a nossa individualidade e assim também,
uma maravilha ainda maior, a nossa dependência, nosso
afastamento dele mesmo, para que a liberdade nos una
mais amorosamente a ele, com uma nova e inescrutável
maravilha de amor. Pois a Divindade ainda está na raiz,
está se arraigando em nossa individualidade, e, quanto
mais livre é o homem, mais forte é o vínculo que o une
àquele que criou sua liberdade.

38 | *A mais elevada condição da vontade humana*

A mais alta condição da vontade humana está em vista […] Não digo a mais alta condição do ser humano, pois essa certamente está na visão beatífica, na visão de Deus. Porém, a mais elevada condição da vontade humana, algo distinto embora não separado de Deus, é quando, não vendo a Deus, não conseguindo compreendê-lo de forma alguma, mesmo assim, ela se apega a ele com firmeza.

39 | *Alma perturbada*

Alma perturbada, tu não estás presa a sentir, mas tu estás presa a ressuscitar. Deus te ama, tu sentindo isso ou não. Tu não podes amar quando quiseres, mas tu estás preso a combater o ódio que há em ti até o fim. Não tentes se sentir bom, quando não és bom, mas clama a ele, que é bom. Ele não muda porque tu mudas. Antes, ele te reserva uma ternura especial de amor, pois tu estás nas trevas e não tens luz, e o coração dele se alegra quando tu te levantas e dizes: "Irei ter com meu Pai" […] Dobre os braços da tua fé e espere em quietude até que a luz surja nas tuas trevas. Por causa dos braços da tua fé, eu afirmo, mas não da tua ação, penses em

Uma antologia

algo que deves fazer, vá e faze isso, seja varrer uma
sala, seja preparar uma refeição, seja visitar um amigo.
Não preste atenção ao teu sentimento: faze tua obra.

40 | *Momento perigoso*

Vou fazer uma boa obra? Então, de uma vez
por todas: Pai, entrego em suas mãos, para que o
inimigo não me apanhe.

41 | *Está consumado*

[...] quando a agonia da morte se acabou, quando
a tempestade do mundo morreu detrás de seu espírito
que se esvaía dele, e ele entrou nas regiões onde há
apenas a vida, e por conseguinte, tudo que não é
música é silêncio [...]

42 | *Membros uns dos outros*

Digo que nunca seremos capazes de descansar no peito
do Pai até que a paternidade seja plenamente revelada a
nós no amor dos irmãos. Pois ele não pode ser nosso Pai,
a não ser que seja o Pai deles, e, se não o vemos como
Pai deles, não poderemos reconhecê-lo como nosso Pai.

43 | *Originalidade*

Nosso Senhor nunca pensou em ser original.

44 | *A lei moral*

Qual é então a utilidade da lei? É nos levar a Cristo, a Verdade — despertar em nossas mentes um sentimento do que a nossa natureza mais profunda, a saber, Deus em nós, requer de nós —, para que saibamos, em parte pelo fracasso, que os mais puros esforços da vontade que somos capazes de fazer não podem nos elevar a ponto de nos abster de fazer o mal ao nosso próximo.

45 | *O mesmo*

Para cumprir o direito comum mais básico [...] precisamos nos elevar a uma região mais alta, uma região que esteja acima da lei, pois são o espírito e a vida que fazem a lei.

46 | *Para cima em direção ao centro*

"Mas como..." — indaga um homem que deseja reconhecer a universalidade do próximo, mas se vê

Uma antologia

incapaz de cumprir a lei pura e simples para com uma mulher, mesmo a mulher a quem ele ama — "como então poderei me elevar a uma região mais alta, até aquele empíreo de amor?" E, começando imediatamente a tentar amar o próximo, ele descobre que o empíreo do qual falou não deve ser alcançado em si mesmo mais do que a lei em si mesma. Assim como ele não pode cumprir a lei sem antes amar o próximo, tampouco pode amar o próximo sem antes se elevar ainda mais. Todo o sistema do universo opera sob esta lei: o mover das coisas para cima em direção ao centro. O homem que amará o seu próximo não poderá fazê-lo por meio de algum exercício imediatamente operativo da vontade. É o homem cheio de Deus de quem ele veio e por quem ele é, que apenas pode amar a si mesmo e ao próximo, que também veio de Deus e existe por Deus. O mistério da individualidade e a consequente relação é profunda como os princípios da humanidade, e as questões daí decorrentes só podem ser resolvidas por quem, pelo menos em termos práticos, resolveu as santas necessidades resultantes de sua origem. É apenas em Deus que o homem se encontra com o homem. É somente nele que as linhas convergentes da existência não se tocam nem se cruzam. Quando a mente de Cristo, a vida do Cabeça, percorre aquele átomo do qual o homem é do corpo lentamente revivificante, quando também está vivo, então o amor dos irmãos existe como vida consciente [...] É possível amar o próximo como a nós mesmos. Nosso Senhor nunca falou hiperbolicamente.

47 | Ninguém ama por conhecer a razão de amar

Quando alguém não ama, o não amor deve parecer racional. Pois ninguém ama porque enxerga a razão, mas porque simplesmente ama. Nenhuma razão humana pode ser dada para essa que é a mais elevada necessidade da existência divinamente criada. Pois as razões sempre são de cima para baixo.

48 | Meu próximo

Não se pode escolher o próximo. É preciso assumir o próximo que Deus manda [...] O próximo é simplesmente a pessoa que está perto de você em dado momento, a pessoa que, por qualquer situação, entrou em contato com você.

49 | O mesmo

O amor ao nosso próximo é a única porta para fora do calabouço do eu, onde agimos como macacos, batendo em faíscas, e esfregando fosforescências nas paredes, e expirando por nossas próprias narinas em vez de emitir a plena luz solar de Deus, os doces ventos do universo.

Uma antologia

50 | *O que não pode ser amado*

Mas como podemos amar uma mulher ou um homem que [...] é mesquinho, desagradável, resmungão, hipócrita, egoísta e narcisista? Quem pode desdenhar, a mais desumana de todas as faltas humanas, algo muito pior que o simples assassinato? Essas coisas não podem ser amadas. A melhor pessoa as odeia muito, e a pior não pode amá-las. Mas acaso essas faltas constituem o ser humano? [...] Não está no íntimo do homem e da mulher um elemento divino de irmandade, de fraternidade, algo agradável e amável — pode ser que esteja desaparecendo lentamente — morrendo sob o calor feroz de paixões vis ou sob o ainda mais terrível frio do egoísmo sepulcral, mas ainda está lá? [...] É a própria presença desta humanidade evanescente que faz com que nos seja possível odiar. Se fosse apenas um animal, e não um homem ou uma mulher que nos ferisse, não deveríamos odiar; deveríamos simplesmente matar.

51 | *Amor e justiça*

O ser humano não foi feito para a justiça em relação ao seu próximo, mas para o amor, que é maior que a justiça e inclui uma superação da justiça. A justiça pura e simples é uma impossibilidade, uma ficção de análise. A justiça precisa ser muito mais que justiça para ser justiça. O amor é a lei da nossa condição, sem o qual não poderemos praticar a justiça, assim como não se consegue andar em linha reta quando se está caminhando no escuro.

52 | O corpo

É o corpo que entra em contato com a Natureza, com os nossos semelhantes, com todas as revelações deles para nós. É por intermédio do corpo que recebemos todas as lições de paixão, de sofrimento, de amor, de beleza, de ciência. É por meio do corpo que somos treinados a ir além de nós mesmos e somos levados para dentro, para o mais íntimo do nosso ser para descobrir a Deus. Há glória e poder nessa evanescência vital, nesse lento fluxo de roupas e matéria reveladora, semelhante a uma geleira, nesse arco-íris sempre agitado da humanidade tangível. Não é menos que a criação de Deus do que o espírito que nela se veste.

53 | Bondade

O Pai estava completamente no Filho, e o Filho não pensou em sua própria bondade mais que um homem honesto pensa sobre sua honestidade. Quando o homem bom vê a bondade, ele pensa em sua própria maldade: Jesus não tinha nenhuma maldade para considerar, mas mesmo assim não pensou em sua bondade. Ele se deleita na bondade do Seu Pai. "Por que me chamas bom?"

54 | *A desconsideração de Cristo*

O Senhor não se preocupou com a verdade isolada nem se importou com ações órfãs. Ele se importou com a verdade no íntimo, o bom coração, que é a mãe das boas ações. Ele acalentou [...] Ele se preocupou com as pessoas boas, e não com as noções de coisas boas nem mesmo com as boas ações, a não ser pelo resultado da vida, a não ser pelos corpos nos quais as ações vivas primárias de amor e vontade na alma tomaram forma e vieram a acontecer.

55 | *Fácil de agradar e difícil de satisfazer*

Eu me apego de todo o coração ao fato de que nada, a não ser a perfeição, satisfará a Deus; dizer que Deus só se importa com quem é perfeito é uma das mentiras do inimigo. Que pai não fica satisfeito com a primeira tentativa cambaleante de andar de seu filhinho?

56 | *A lei moral*

O objetivo imediato dos mandamentos nunca foi que
os homens fossem bem-sucedidos em obedecer-lhes,
mas que, descobrindo que não podem fazer o que precisa
ser feito, descobrindo que quanto mais eles tentassem
mais ainda lhes era exigido, eles fossem levados à fonte
da vida e da lei — da sua vida e da lei de Deus —
para buscar em Deus a força da vida e para tornar o
cumprimento da lei algo possível, natural e necessário.

57 | *Servidão*

Um homem está preso a tudo do qual ele não pode se
separar e que é menos que ele.

58 | *O jovem rico* (Mateus 19:16-22)

Era o momento [...] que ele deveria recusar, que
deveria conhecer sua natureza e se encontrar com as
confusões da alma, com as tristes buscas do coração que

Uma antologia

deverá seguir. Chega um tempo para qualquer pessoa em que é preciso decidir se vai obedecer ou recusar — *e saber disso* [...] O tempo virá, só Deus sabe a hora, quando cada um verá a natureza de seus atos, *sabendo que estava vendo vagamente mesmo quando fez o que fez*: a alternativa fora colocada diante dele.

59 | *Lei e Espírito*

Os mandamentos jamais poderão ser obedecidos enquanto houver uma luta para obedecer-lhes: quem tenta isso será esmagado pelo peso dos estilhaços deles. É necessário um coração puro para ter mãos puras, todo o poder de uma alma viva para guardar a lei: um poder de vida, não uma luta; a força do amor, não o esforço do dever.

60 | *Nossa menoridade*

O número de tolos que ainda não reconhecem que a primeira condição da masculinidade altera agora o fato de que aquele que *começou* a reconhecer o dever e a reconhecer os fatos de seu ser é apenas uma criança cambaleante no caminho da vida. Ele está no caminho. Ele é tão sábio quanto poderia ser nesse momento. Os braços do seu Pai estão estendidos para recebê-lo, mas, por conseguinte, ele não é um ser maravilhoso, não é um modelo de sabedoria nem de modo algum a admirável criatura que sua loucura remanescente em grande parte iria, nos piores momentos (isto é, quando ele se sente melhor), convencê-lo a pensar que era; ele é apenas uma das pobres criaturas de Deus.

61 | Conhecimento

Tendo feito o que o Mestre lhe disse, ele logo viria a entender. A obediência abre os olhos.

62 | Vivendo para sempre

A pobre ideia de viver para sempre, a qual as mentes no senso comum entendem como sendo vida eterna — (é) sua mera sombra concomitante, que por si só não merece ser considerada. Quando um homem é [...] um com Deus, o que poderia fazer a não ser viver para sempre?

63 | Sede perfeitos

"Eu não posso ser perfeito, não tem jeito, e ele tampouco espera isso". Seria mais honesto dizer: "Eu não quero ser perfeito. Estou contente em ser salvo". Tal pessoa não se

Uma antologia

importa em ser perfeito como o Pai celestial é perfeito, mas em ser o que eles chamam de *salvo*.

64 | *Conforto mortal*

Ou vocês estão tão satisfeitos com o que são que nunca buscaram a vida eterna, nunca tiveram fome e sede da justiça de Deus, a perfeição do ser de vocês? Se este é o caso, então fiquem tranquilos, pois o Mestre não requer de vocês que vendam o que têm e deem aos pobres. Sigam-no! Acompanhem-lhe para pregar as boas novas, — vocês que não se preocupam com a justiça! Vocês não são aqueles cuja companhia é desejável ao Mestre. Fiquem tranquilos, eu digo. Ele não quer vocês. Ele não lhes pedirá que abram suas bolsas para si. Vocês podem dar ou retirar, isto não é nada para ele [...] *Vão e guardem os mandamentos.* Seu dinheiro ainda não está sendo requerido. Os mandamentos são o suficiente para vocês. Vocês ainda não são uma criança no Reino. Vocês não se importam com os braços do Pai. Vocês valorizam apenas o abrigo da casa do Pai. Quanto ao dinheiro de vocês, que os mandamentos os instruam sobre como usá-lo. Está em vocês a presunção lamentável de perguntar se é exigido de vocês vender o que têm [...] pois para o jovem vender tudo e seguir a Jesus teria sido aceitar a patente de nobreza de Deus, mas para vocês isto não é oferecido.

65 | O mesmo

Isto os conforta? Então, ai de vocês! [...] O alívio de vocês é saber que o Senhor não precisa de vocês — não exige que repartam seu dinheiro, e não oferece a si mesmo no lugar disso. Vocês não precisam vendê-lo por trinta moedas de prata, mas estão felizes de não comprá-lo com tudo que vocês têm.

66 | Quão difícil?

É difícil entrar nesta vida, neste Reino de Deus, nesta simplicidade da absoluta existência. Quão difícil? Difícil a ponto de o Senhor da salvação encontrar palavras que expressem esta dificuldade.

67 | Coisas

Aquele que para ter consciência do bem-estar depende de qualquer coisa menos da vida, a vida que é essencial, é um escravo. Essa pessoa depende daquilo que é menor do que si mesma [...] As *coisas* nos são dadas — este corpo, a primeira das coisas — para que por meio delas aprendamos tanto a independência como a verdadeira posse delas. Devemos ser os donos delas, não o contrário.

Uma antologia

O uso delas é mediar — como formas e manifestações em grau menor das coisas que não são vistas, isto é, as coisas que pertencem ao mundo do silêncio, e não ao da fala; não ao mundo da aparência, mas ao mundo do ser, o mundo que não pode ser abalado e que deve permanecer. Essas coisas não vistas tomam forma no tempo e no espaço — não para que existam, pois elas já existem na divindade eterna e por meio dela, mas para que o seu ser possa ser conhecido aos que estão em treinamento para o que é eterno. Os filhos e filhas de Deus devem possuir essas coisas não vistas. Contudo, em vez de se apegar a elas, eles se apegam às suas formas, consideram as coisas vistas como possuídas, apaixonam-se pelos corpos e não pelas almas delas.

68 | *Posses*

Quem tem Deus, tem todas as coisas, de acordo com o modo pelo qual aquele que as criou as tem.

69 | *O tormento da morte*

É indispensável para nós que nos livremos da tirania das coisas. Veja quão indispensável: apegando-se o jovem com todas as suas forças à sua riqueza, o que Deus pode fazer, ele vai fazer. O filho de Deus não deve ser deixado no inferno das posses. Vem o anjo da morte — e onde estão as coisas que assombraram a pobre alma com tantos obstáculos e obstruções? [...] Está o homem tão livre do domínio das coisas? A morte lhe é útil para resgatá-lo? Não desse jeito, eu penso, pois primeiro então o homem que possui coisas torna-se consciente da tirania delas. Quando alguém começa a se abster, essa pessoa começa a reconhecer a força de sua paixão. Pode ser, quando alguém não deixou nada para trás, que essa pessoa comece a entender qual é a necessidade que tem das coisas.

70 | *A utilidade da morte*

Então onde está a serventia da morte? [...] Nisto: não são os grilhões que irritam, mas os grilhões que acalmam, que corroem a alma. Dessa forma, é a perda das coisas [...] um movimento, dificilmente em direção à libertação, mas mesmo assim a favor dela. Isto pode parecer que é o início da escravidão, mas na verdade é o início da libertação. Ninguém jamais foi liberto sem ter consciência de sua escravidão.

71 | *Não apenas os ricos*

Mas não é apenas os ricos que estão sob o domínio das coisas. Eles também são escravos que, faltando-lhes dinheiro, são infelizes por não o ter.

Uma antologia

72 | *Pensamento temeroso*

Porque facilmente imaginamos a nós mesmos
em necessidade, imaginamos Deus pronto a se
esquecer de nós.

73 | *Milagres*

Os milagres de Jesus foram os atos comuns de seu Pai,
feitos pequenos e simples para que pudéssemos nos
apossar deles.

74 | *O presente sagrado*

A hora seguinte, o momento seguinte, está além do
nosso alcance e está tanto sob o cuidado de Deus quanto
cem anos no futuro. Preocupar-se pelo próximo minuto
é tão tolo quanto preocupar-se com o dia de amanhã
ou com um dia nos próximos mil anos — não podemos
fazer nada em nenhum dos dois, mas Deus está fazendo
tudo. Aquelas reivindicações referentes apenas ao
amanhã que devem ser preparadas hoje são da obrigação
do hoje: o momento que coincide com o trabalho a ser
feito é o momento a ser lembrado; o momento seguinte
não está em lugar nenhum até que Deus o tenha feito.

75 | *Previsão*

Se alguém se esquecer de alguma coisa, Deus cuidará disso. O homem não é senhor de sua memória ou de seu intelecto, mas é o senhor de sua vontade. Por isso, é culpado quando, lembrando-se de uma obrigação, a posterga e acaba por esquecer-se dela. Se alguém se propuser a fazer imediatamente o que tem de fazer, desconfio maravilhosamente que será necessário pouquíssima previsão. Essa é acertada apenas para determinar a obrigação a ser cumprida, e para levar à ação. A base do trabalho bem-feito ontem é adequada para o trabalho do dia de amanhã. O trabalho bem-feito tem mais consequências para o futuro do que a previsão de um arcanjo.

76 | *Não apenas os ricos*

Se são *coisas* que abatem você, que diferença faz se essas são coisas que você tem ou não?

77 | *Preocupação*

O amanhã faz o hoje ficar com dor de cabeça, faz o coração esmorecer. Quando deveríamos estar sossegados,

Uma antologia

dormindo ou sonhando, estamos preocupados com uma hora que está a meio dia de distância adiante de nós! Não é assim que fazes, Senhor! Tu fazes a obra de teu Pai!

78 | *O presente sagrado*

A preocupação que enche a sua mente neste momento, ou que está esperando você colocar o livro de lado para pular em você, a necessidade que não é necessária, é um demônio que suga a primavera da sua vida. "Não, a minha preocupação é razoável — de fato, é uma preocupação inevitável." Isto é algo que você tem de fazer agora mesmo? "Não." Então você está permitindo que o pensamento usurpe o lugar de algo que é exigido de você agora. "Não há nada exigido de mim agora." Não, mas há o seguinte: a maior coisa que pode ser exigida de qualquer um. "Mas o que pode ser isso?" Confie no Deus vivo [...] "Mas eu confio nele quanto às questões espirituais." Tudo é uma questão espiritual.

79 | *Céu*

Pois o único ar da alma, o qual respiramos e pelo qual vivemos, é o Deus presente, e os espíritos dos justos: esse é o nosso céu, nosso lar, nosso justo lugar [...] Seremos filhos de Deus em pequenas colinas e nos campos daquele céu, e ninguém vai desejar estar em primeiro lugar nem rejeitar a ninguém, pois a ambição e o ódio serão então entendidos como sendo da mesma natureza.

80 | *Bases movediças*

As coisas mais aptas para serem feitas, aquelas que estão não à porta de entrada da casa, mas na mesa da mente de alguém, em geral elas não são as mais negligenciadas, mas as que com maior frequência são deixadas de lado, são adiadas, mesmo pelo homem mais sensato [...] A verdade é uma só: aquele que pratica a verdade nas pequenas coisas é da verdade, e aquele que a pratica apenas nas grandes coisas, que adia as pequenas coisas que lhe estão próximas, não é da verdade.

81 | *Exagero*

Nós também entorpecemos nosso entendimento com coisas insignificantes, enchemos os espaços celestiais com fantasmas, desperdiçamos o tempo celestial com a pressa. Quando eu me preocupo com algo pequeno, até mesmo algo admitidamente pequeno — digamos, a perda de uma coisa pequena, esporeando minha memória, e a procuro, não porque haja uma necessidade imediata, mas pelo desprazer da perda. Quando alguém pega um livro emprestado comigo e não o devolve, e eu

Uma antologia

me esqueci de quem o pegou comigo, e me preocupo com aquele volume faltante [...] Não seria o tempo de perder algumas coisas das quais cuidei de maneira tão irracional? Perder coisas é obra da misericórdia de Deus: isso acontece para nos ensinar a permitir que elas se vão. Ou me esqueci de um pensamento que tive que me parecia ser verdadeiro? [...] Fico tentando e tentando me lembrar dele, sentindo-me um miserável até que aquele pensamento seja relembrado para ficar mais perdido ainda, talvez em um caderno no qual nunca mais procurarei para encontrá-lo. Eu me esqueço de que é com coisas vivas que Deus se preocupa.

82 | *Serviços domésticos*

Apelo especialmente aos que mantêm a casa com respeito ao tamanho dos problemas que são suficientes para esconder a palavra e a face de Deus.

83 | *Preocupações*

Com todos os problemas assustadores, grandes ou pequenos, perder milhares de xelins[3] ou perder um só,

---

[3]O xelim era uma divisão da libra esterlina, a unidade monetária britânica, na época de George MacDonald [N. T.].

busque a Deus [...] Se o seu problema é de tal monta, que você não consegue buscar o Senhor, mais ainda você deve buscá-lo!

84 | *Deus à porta*

Deus não vai forçar nenhuma porta para entrar. Ele pode enviar uma tempestade para aquela casa. O vento da sua admoestação pode derrubar portas e janelas, sim, pode abalar os fundamentos da casa, mas nem assim ele vai entrar. A porta precisa ser aberta por uma mão desejosa antes que o pé do Amor cruze o umbral. Ele observa para ver a porta se mover a partir de dentro. Cada tempestade não é outra coisa a não ser um ataque ao cerco do Amor. O terror do Senhor é o outro lado do seu amor. É o amor do lado de fora, que estaria do lado de dentro, amor que sabe que a casa não é uma casa, mas apenas um lugar, até que ele entre.

85 | *Dificuldades*

Toda dificuldade indica algo mais que a nossa teoria de vida abrange, testa nossa tendência de abandonar o caminho reto, deixando aberto apenas o caminho adiante. Mas há uma realidade do ser na qual todas as coisas são fáceis e diretas — uma unicidade, isto é, com o Senhor da Vida. Orar por isto é a primeira coisa, e toda dificuldade nos protege e nos direciona ao ponto desta oração.

86 | *Vigilância vã*

Será que aqueles que dizem "Eis aqui ou ali os sinais da sua vinda" pensam que são zelosos demais por ele e vigiam sua aproximação? Quando ele lhes diz para que vigiem para que ele não os encontre negligenciando a obra que têm de fazer, eles declaram que é deste ou daquele jeito e vigiam para que não aconteça que ele venha como um ladrão [...] A obediência é a chave da vida.

87 | *Incompletude*

Quem foi feito à imagem de Deus deve conhecê-lo ou ficar desolado [...] Testemunhe a desolação, sim a desolação da minha alma — miserável, solitária, inacabada sem ele. Ela não pode agir por si mesma, a não ser em Deus. Agir com o que parece ser uma ação de si mesma sem Deus não é ação de jeito nenhum, é um mero ceder ao impulso. Tudo que está dentro de uma ação assim é desordem e espasmo. Há um clamor dentro de mim, e uma voz antes, instintos de melhoramento que me dizem que devo me elevar acima do meu eu atual — talvez até mesmo acima de todo o meu possível eu: não vejo como obedecer, como cumprir os mandamentos. Estou fechado em um mundo de consciência, eu, um desconhecido, em um mundo desconhecido: decerto este mundo da minha existência não desejada, não escolhida e forçada não pode ser excluído por ele, não pode ser desconhecido dele, não pode ser impenetrável, impermeável e ausente dele e a ele de quem eu sou?

88 | *Oração*

Não direi a ele meus problemas — como ele, mesmo ele, me perturbou ao me criar? — quão incapaz eu sou de ser aquilo que sou? Que meu ser ainda não é para mim uma coisa boa? Que eu preciso de uma lei que me explique em retidão — que me revele como vou transformar meu ser em algo bom — como eu devo ser uma pessoa boa, e não uma pessoa má?

89 | *Conhecimento que seria inútil*

Por que a pergunta deve admitir dúvida? Sabemos que o vento sopra. Por que não saberíamos que Deus responde às orações? Eu respondo, e se Deus não se importar que

Uma antologia

você saiba isso em segunda mão? E se não houvesse algo bom nisso? Há algum testemunho registrado, e talvez haja muito se não tendo a ver com coisas tão imediatamente pessoais, e em geral tão delicadas, as respostas à oração não deveriam ser comentadas com tanta frequência, mas nenhum testemunho a respeito pode ser conclusivo, pois, como um milagre relatado, sempre há uma maneira de mudar isso. Além disso, a convicção de ser assim é de pouco valor. Não vale a pena conhecer a coisa pela melhor das evidências.

90 | *Oração*

Leitor, se você está com algum problema, experimente se Deus ajudará você ou não. Se não precisa de nada, por que faria perguntas a respeito da oração? É certo que tal indivíduo sabe pouco a respeito de si mesmo, não sabe que é desgraçado, miserável, pobre, cego e nu. Mas até que comece a pelo menos suspeitar da necessidade que tem, como poderá ele orar?

91 | *Por que isto seria necessário?*

"Contudo se Deus é tão bom quanto você diz, e se ele sabe tudo de que precisamos, e sabe até mais do que nós mesmos, por que seria necessário pedir-lhe qualquer coisa?" Respondo: e se ele souber que a oração é o que primeiramente e mais precisamos? E se o objetivo principal na ideia divina de oração seja o suprir da nossa grande e infindável necessidade — a necessidade que temos dele mesmo? [...] A fome pode trazer de volta para casa o filho transviado, e ele poderá ser ou não alimentado, mas ele precisa de sua mãe mais do que precisa do jantar. A comunhão com Deus é a única necessidade da alma, acima de todas as outras necessidades. A oração é o princípio dessa comunhão, e a necessidade é o motivo dessa oração [...] Assim se inicia a comunhão, uma conversa com Deus, um tornar-se um com ele, que é o fim único da oração, sim, o fim único da própria existência em suas infinitas fases. Devemos pedir para receber, mas o que vamos receber com respeito às nossas necessidades inferiores não é o objetivo de Deus ao nos fazer orar, pois ele poderia nos dar qualquer coisa sem que orássemos. Para fazer com que seu filho se ajoelhe, Deus não atende ao que ele pede.

92 | *As condições de uma boa dádiva*

Para que haja um verdadeiro bem em cada dádiva é essencial primeiramente que o doador esteja nela — como Deus sempre está, pois ele é amor — e, depois, que o beneficiário saiba disso e receba o doador

Uma antologia

na dádiva. Cada dádiva de Deus é um indicador do seu presente maior e unicamente suficiente: ele mesmo. Nenhuma dádiva não reconhecida como advinda de Deus é melhor. Portanto, muitas coisas que Deus alegremente nos daria, até mesmo coisas de que precisamos por causa de quem somos, devem esperar até que as peçamos, para que saibamos de onde elas vêm. Quando descobrirmos Deus em todas as dádivas, então nele encontraremos todas as coisas.

93 | *Falsa espiritualidade*

Algumas vezes alguém orando terá o sentimento [...] "Não seria melhor não orar? Se esta coisa for boa, por acaso Deus não a dará para mim? Ele não se agradaria mais se eu deixar tudo completamente para ele?" Penso que isso vem de uma falta de fé e de uma infantilidade [...] pode até vir da ambição de um reconhecimento espiritual.

94 | *Pequenas orações*

Em cada súplica, o coração, a alma e a mente devem oferecer o humilde acompanhamento: "Seja feita a tua vontade"; mas cada súplica nos leva para mais perto dele [...] Qualquer coisa que seja grande o bastante para fazer um desejo surgir é grande o bastante para ser pedida: pensar naquele a quem as orações são dirigidas purificará e corrigirá o desejo.

95 | *Riquezas e necessidade*

Não poderia haver riquezas a não ser por necessidade. Deus mesmo se torna rico pela necessidade humana. Por isso, ele é rico em conceder, e, por meio disso, somos ricos em receber.

96 | *Providência*

"Como poderia qualquer desígnio do Onisciente ser alterado em resposta a uma oração nossa? Como podemos crer em algo assim? Por refletir que ele é o Onisciente, que vê antes de si e não impedirá o seu próprio caminho [...] Será que Deus vai se importar mais com sóis, planetas e satélites, com a matemática divina e as harmonias em ordem do que com seus filhos? Eu me aventuro a dizer que Deus se preocupa mais com os bois do que com os astros. Ele não faz planos que não digam respeito aos seus filhos. O propósito dele é que eles sejam livres, ativos e vivos. Ele vê que o espaço deve ser mantido para eles.

Uma antologia

97 | *Liberdade divina*

Que estupidez de perfeição seria não dar margem para a obra de Deus, não deixar espaço para uma mudança de plano a partir da mudança de um fato — sim, mesmo os poderosos mudam isso [...] finalmente agora aquele filho de Deus está orando! [...] Posso mover meu braço como quiser — acaso Deus não vai conseguir mover o dele?

98 | *Providência*

Se a sua máquina interferisse em sua resposta à oração de um único filho, ele varreria isto da sua presença, não para trazer o caos de volta, mas por causa de seu filho [...] Devemos lembrar que Deus não está ocupado com um grande brinquedo de mundos, de sóis e planetas, de atrações e repulsas, de aglomerações e cristalizações, de forças e ondas. Essas coisas são apenas uma parte das oficinas e ferramentas que Deus usa para trazer mulheres e homens justos para encher sua casa de amor.

99 | *Os milagres de nosso Senhor*

Em todos os seus milagres, Jesus fez apenas em pequena escala o que seu Pai fez em escala grandiosa. Pobre, de fato, foi o fazer vinho em [...] jarros de pedra, comparado com o adorável crescimento da videira com seus cachos de uvas inchadas — as raízes vivas retirando da terra a água que seria levada em jarros e derramada em grandes vasos. Mas isso é precioso como uma interpretação daquele fato, mesmo sendo o resultado da simpatia de nosso Senhor para com o simples regozijo humano.

100 "Eles não têm mais vinho" (João 2:3)

Ele abriu espaço em seus planos para atender ao pedido de sua mãe, concedendo-lhe o que ela desejava. Não era desejo dele realizar um milagre naquele momento, mas, se a sua mãe queria, ele o faria. Ele fez pela sua mãe o que por ele seria deixado de lado. Ele nem sempre fez conforme sua mãe queria, mas aquela era uma situação em que poderia fazê-lo, pois não interferiria de jeito nenhum na vontade de seu Pai [...] O Filho então poderia mudar seu intento e não estragaria nada, e de igual maneira pode o Pai, pois o Filho só faz o que vê o Pai fazer.

101 Oração intercessória

E por que o bem de alguém dependeria da oração de outrem? Só posso responder com outra pergunta: "Por que o meu amor seria incapaz de ajudar a outrem?"

Uma antologia

102 | _A revolta eterna_

Há um espaço infindável para uma rebelião contra
nós mesmos.

103 | _Eles dizem que isto lhes faz bem_

Há aqueles que vão orar, mesmo não tendo ouvidos
para ouvir nem coração para responder. Eles dizem
que isso lhes faz bem. Eles oram para nada, mas
obtêm benefício espiritual. Não vou contradizer o
testemunho deles. A oração é tão necessária à alma,
que sua simples atitude pode encorajar um bom estado
de espírito. Na verdade, orar ao que não existe é, pela
lógica, uma loucura. Mas o bem que eles dizem que
vem da oração pode repreender a pior loucura da
incredulidade deles, pois indica que a oração é natural,
e como poderia ser natural se é inconsistente com o
nosso próprio modo de ser?

104 | _Oração aperfeiçoada_

E há uma comunhão com Deus que não pede nada, mas
mesmo assim pede tudo [...] Quem busca o Pai mais

do que qualquer coisa que ele pode dar provavelmente tem o que pede, pois provavelmente não vai pedir nada que seja inadequado.

105 | *Concessão corretiva*

Mesmo aqueles que fazem um pedido equivocado podem algumas vezes ter suas orações atendidas. O Pai nunca dará uma pedra ao filho que pede pão, mas não tenho certeza de que ele nunca vai dar uma pedra ao filho que pede uma pedra. Se o Pai disser: "Meu filho, isto é uma pedra, não é um pão"; e o filho disser: "Tenho certeza de que é um pão, eu quero isso", não seria bom que ele experimentasse esse "pão"?

106 | *Por que devemos esperar*

De fato, talvez quanto melhor seja aquilo pelo qual pedimos, mais tempo será necessário para recebermos. Para nos dar a dádiva espiritual que desejamos, Deus pode ter de que começar pelo nosso espírito, em regiões que nos são desconhecidas, e fazer uma obra da qual só poderemos ter consciência dos resultados. Pois a nossa consciência está para a extensão do nosso ser como a chama de um vulcão está para o golfo do

Uma antologia

mundo de onde ela sai. Deus trabalha por detrás da nossa consciência, no golfo do nosso ser desconhecido, com sua santa influência, com sua própria presença (a única coisa pela qual nós sinceramente clamamos). Ele pode estar se aproximando da nossa consciência por detrás, avançando através de regiões da nossa escuridão em direção à nossa luz, muito antes de começarmos a ter consciência de que ele está atendendo ao nosso pedido — ele lhe atendeu e está visitando seu Filho.

107 | *A vingança de Deus*

"Minha é a vingança", ele diz. Com uma compreensão correta disso, podemos pedir a vingança de Deus tanto quanto pedimos seu perdão. A vingança é destruir o pecado, fazendo com que o pecador o abjure e odeie. Não há nenhuma satisfação em uma vingança que busque ou realize menos que isso. O homem deve se voltar contra si mesmo, e assim vai ser a favor de si mesmo. Se nada mais o fizer, vai ser o fogo do inferno. Vai ser a retribuição de Deus se algo menos o fizer, seja o que for que traga arrependimento e autorrepúdio. Amigos, se orações são feitas contra nós, se a vingança de Deus for invocada por causa de alguma coisa errada que vocês fizeram ou que eu fiz, Deus vai nos dar sua vingança. Não pensemos que vamos escapar.

108 | *O caminho do entendimento*

Quem faz aquilo que vê, entenderá. Quem se baseia no entendimento e não na ação continuará tropeçando, errando e falando asneiras [...] É quem correu que lerá, e não outro.[4] Não foi a intenção do Contador de Parábolas que qualquer um que saiba intelectualmente aquilo que, conhecido apenas intelectualmente, será para seu prejuízo, aquilo que, sabendo intelectualmente, ele imaginaria ter apreendido, talvez até mesmo se apropriado. Quando o peregrino da verdade prossegue em sua jornada até a região da parábola, ele encontra sua interpretação. Não é uma fruta ou uma joia a ser guardada, mas uma fonte jorrando à beira do caminho.

109 | *Cegueira penal*

Aqueles que por insinceridade e falsidade fecham seus olhos mais profundos não serão capazes de usar neste assunto os olhos mais superficiais de seu entendimento [...] Isso ajudará a remover a dificuldade que as parábolas constituem totalmente para o ensino da verdade, mas mesmo assim o Senhor fala por elas para ocultar a verdade. Elas são para o entendimento

---

[4]Possível alusão à Habacuque 2:2 [N. E.].

Uma antologia

do homem que é prático — que faz o sabe, que busca entender vitalmente. Elas revelam à consciência viva, não ao intelecto mais aguçado.

110 | *O mesmo*

Os primeiros estão contentes em ter a luz lançada sobre seu caminho, e os últimos a terão em seus olhos, mas não podem. Se pudessem, a luz os cegaria. Seria a maior condenação para eles se eles soubessem mais. Eles não estão prontos para saber mais, então, mais não lhes será dado [...] "Vocês escolheram a escuridão, vocês permanecerão na escuridão até que os terrores que habitam a escuridão os acusem e os levem a clamar." Deus pôs um selo na vontade do homem. Esse selo ou é seu grande castigo, ou seu poderoso favor: ou "Vós amais a escuridão, permanecereis na escuridão", ou "Oh mulher, grande é a tua fé: seja feito conforme a tua vontade!"

111 | *Entra em acordo sem demora com teu adversário*

Resolva qualquer reclamação que haja contra você. Há uma ânsia por detrás disso. Faça de uma vez o que é sua obrigação. Como não há como escapar da obrigação de pagar, escape pelo menos da prisão que lhe será forçada. Não force a justiça. A obrigação é imperativa e tem de que ser cumprida. É inútil pensar em escapar da eterna lei das coisas: ou render-se a você mesmo ou obrigar Deus a obrigar você.

112 | *O inexorável*

Não, não há escapatória. Não existe céu com um pouco de inferno em si, nem um plano de reter isto ou aquilo do diabo em nossos corações ou em nossos bolsos. Satanás deve ir embora, totalmente e completamente.

113 | *Cristo, justiça nossa*

Cristo é a nossa justiça, não que devamos escapar da punição, e menos ainda escapar de sermos justos, mas o é na condição de criador vivo e poderoso da retidão em nós, de modo que, recebendo de boa vontade o seu Espírito, possamos, tal como ele, resistir até o sangue, lutando contra o pecado.

114 | *Concorde rapidamente*

Resolva seus problemas com aqueles que têm alguma coisa contra você enquanto ainda estão próximos

Uma antologia

e a situação não piorou a ponto de não poder ser resolvida. *Você terá de fazer isso*, e sob circunstâncias menos favoráveis que agora. Adiar não adianta nada. Você precisa. Há algo a ser feito. Existem maneiras de convencê-lo.

115 | *Deveres para com o inimigo*

É uma questão muito pequena se a outra pessoa deve ou não a você o seu direito, mas é uma questão de vida ou morte se você lhe deve o direito que a ela pertence. Se a outra pessoa paga ou não a você o que você entende que ela lhe deve, você terá que lhe pagar o que deve a ela. Se você lhe deve uma libra e essa pessoa lhe deve um milhão, você deve pagar a libra, ela pagando ou não a você o milhão que lhe deve. Não há paralelo comercial nessa questão. Se ela lhe deve amor, mas paga com ódio; você, devendo amor, deve pagar com amor.

116 | *A prisão*

Acho que vi de longe alguma coisa da prisão final de todos, a cela mais interna do devedor do universo [...]
É o vasto exterior, a escuridão medonha além dos portões da cidade da qual Deus é a luz — onde os

cães malignos vão mudando, silenciosos como a escuridão, pois não há mais nem som nem visão. O tempo dos sinais já passou. Todo sentido (teve) seus sinais, e todos foram mal utilizados. Não há mais sentido, não há mais sinal — nada mais pelo qual se possa crer. O homem desperta da luta final da morte, em absoluta solidão como no momento mais miserável da infância abandonada que ele nunca conheceu. Nem uma pista, nem uma sombra de algo fora de sua consciência o alcança [...] Logo a miséria vai gerar mil formas de brados de infortúnio que ele não será capaz de governar, direcionar ou mesmo distinguir de presenças reais.

117 | *Não é bom estar só*

Em um caso assim, creio que a pessoa estaria alegre de entrar em contato com o pior e mais detestado inseto. Isto seria uma forma de vida, algo além e ao lado de seu próprio ser imenso, sem forma e vazio! Imagino tal sentimento na oração dos demônios sendo expulsos e indo para os porcos [...] Sem a correção, a reflexão, o apoio de outras presenças, ser não é apenas inseguro, é um horror para qualquer um, a não ser Deus, que é o seu próprio ser. Para aquele cuja ideia é de Deus, e a imagem de Deus, seu próprio ser também é fragmentário e imperfeito demais para ser qualquer coisa como uma boa companhia. São as criaturas amáveis que Deus criou ao nosso redor, dando-nos de si mesmo nelas, que, até que o conheçamos, nos salvam do frenesi da solidão — pois essa solidão é o eu.

118 Sede perfeitos

Seja quem for que viva deve parar de ser um escravo e se tornar um filho de Deus. Não há casa de descanso no meio do caminho onde a impiedade possa ser desvalorizada nem se mostrar totalmente fatal. Sejam eles poucos ou muitos lançados em tal prisão, tal como me esforcei para imaginar, não pode haver libertação para a alma humana, seja nesta prisão, seja fora dela, mas em pagar até o último centavo, em tornar-se humilde, em penitenciar-se, em negar-se a si mesmo, recebendo assim a filiação e aprendendo a clamar "Pai".

119 O coração

Nenhuma Escritura é de particular interpretação, então, não há sentimento no coração humano que exista naquele coração em particular que não esteja, em alguma forma ou grau, em todo o coração.

120 | *Culpa preciosa*

Não importa quanto sua imagem tenha sido desfigurada em mim, a coisa desfigurada é sua imagem e permanece sendo sua imagem desfigurada — ainda é uma imagem que pode ouvir a voz dele. O que me faz perverso e miserável é que o que foi estragado em mim é a imagem do que é Perfeito. Nada pode ser maligno, a não ser em virtude de uma boa hipóstase. Não, não! Nada pode fazer com que eu não seja um filho de Deus! Se alguém disser: "Veja os animais. Deus os criou. Você não os chama de filhos de Deus?". Eu respondo: "Mas eu sou culpável, os animais, não! Eu me apego à minha culpa. Esse é o selo da minha filiação". Não tenho nada a discutir com relação aos animais, pois não os entendo. Eu tenho certeza de duas coisas: Deus é um "Criador fiel" e quanto antes eu colocar em ação minha reivindicação de ser filho de Deus, melhor para eles, pois eles também são criaturas caídas, ainda que sem culpa.

121 | *O mesmo*

Não importa quão mau eu seja, sou filho de Deus, e aí está a minha culpa. Ah, eu não vou perder a minha culpa! Na minha culpa está a minha esperança.

Uma antologia

122 | *Homem glorificado*

Tudo deve finalmente estar sujeito ao homem, como tudo estava sujeito ao Homem. Quando Deus puder fazer o que ele quiser com o homem, este poderá fazer o que quiser com o mundo. Ele poderá andar no mar tal como seu Senhor. A coisa mais mortal não será capaz de feri-lo.

123 | *Vida no mundo*

Todas as coisas foram feitas *por intermédio da* Palavra, mas o que estava *na* Palavra era a vida, e a vida é a luz dos homens. Aqueles que vivem por essa luz, que é viva como Jesus viveu, por obediência, a saber, ao Pai, têm uma parte em sua própria criação. A luz se torna vida neles. Eles estão, em seu modo inferior, vivos com a vida que nasceu primeiramente em Jesus, por intermédio dele essa luz nasceu neles — pela obediência eles se tornam um com a divindade: "E a todos quantos o receberam, deu-lhes o poder de serem feitos filhos de Deus".

124 | *O ofício de Cristo*

Jamais poderíamos ter conhecido o coração do Pai, jamais nos teria sido possível amá-lo como filhos a não ser por ele, que lançou a si mesmo no abismo que se escancarava entre nós. Nele e por intermédio dele fomos previamente ordenados à filiação, a qual jamais alcançaríamos sem ele, mesmo que nunca tivéssemos pecado. De fato, nunca seríamos filhinhos que amam o Pai, mas filhos longe da filiação que compreende e adora.

125 A lentidão da nova criação

Para começar, assim como o mundo deve ser redimido em alguns poucos homens, de igual modo a alma, para começar, é redimida em alguns dos seus pensamentos, obras e ações, para começar. Leva muito tempo para terminar a nova criação dessa redenção.

126 A nova criação

Quando os filhos de Deus se mostrarem como são, assumindo, com tal caráter, a aparência e o lugar que pertence à sua filiação, quando os filhos de Deus se assentarem com o Filho de Deus no trono do seu Pai, então eles serão os senhores da criação terrena, segundo o poder dos fatos, os outorgadores da liberdade e paz a ela. Aí então a criação, que ficou sujeita à vaidade por causa deles, encontrará sua liberdade na liberdade deles, sua alegria na alegria da filiação deles.

Os animais se gloriarão ao servi-los, se alegrarão ao ajudá-los. Que os desprezíveis zombem, que os injustos desprezem. O coração que brada "Aba, Pai", brada ao Deus do pardal e dos bois. Nem a esperança pode esperar ir longe demais esperando o que Deus vai fazer pela criação que geme e suporta angústias porque nosso nascimento superior está atrasado.

127 | Pessimismo

A vida de baixo nível está cansada da vida, mas é a morte, não a vida, que está cansada dela.

128 | A obra do Pai

Todas as coisas são possíveis com Deus, mas todas não são fáceis [...] Na própria natureza do ser — isto é, Deus — deve ser difícil — e a história divina mostra quão difícil — criar o que não será ele mesmo, mas, mesmo assim, é como ele mesmo. O problema até o momento é separar dele o que ainda deve ser totalmente dependente e estar nele para sempre para ter a existência de um indivíduo, e ser capaz de se voltar, considerá-lo, escolhê-lo e dizer: "Levantar-me-ei, e irei ter com meu pai [...]". Imagino a dificuldade de fazer assim, de afetar essa criação, essa separação dele mesmo, para que essa vontade na criatura seja possível. Imagino, eu digo, que para isso Deus deve começar inconcebivelmente distante nas regiões infinitesimais dos começos.

129 | *O fim*

O objetivo último da separação não é a individualidade. Esta é apenas um meio para o seguinte: o objetivo último é a unidade — uma impossibilidade sem a mesma. Pois não pode haver unidade, nem um desfrutar do amor, nem harmonia, nem bem no ser onde há apenas um. É preciso que haja pelo menos dois para que haja unidade.

130 | *Impasse*

O homem pensa que é difícil obter o que quer, pois ele não quer o melhor. Deus acha que é difícil dar, pois ele daria o melhor, mas o homem não receberia.

131 | *As duas piores heresias*

A pior heresia, próxima da que separa a religião da justiça, é a que separa o Pai do Filho […] representar o Filho fazendo isso que o Pai mesmo não faz.

132 | *Crescimento cristão*

Todo o crescimento do cristão é a vida que ele recebe mais e mais. No começo sua religião dificilmente pode ser distinta do simples desejo prudente de salvar sua alma, mas por fim ele perde a própria alma na glória do amor, e assim se salva. O eu se torna apenas a nuvem na qual a alva luz de Deus divide harmonias indizíveis.

133 | *Vida e sombra*

A vida é tudo. Muitos sem dúvida confundem a alegria da vida pela vida em si, e, desejando a alegria, definham com uma sede que é ao mesmo tempo pobre e inextinguível. Mas mesmo essa sede aponta para a fonte única. Essas pessoas amam o eu, não a vida, e o eu não é outra coisa a não ser a sombra da vida. Quando o eu é entendido como se fosse a própria vida, e se estabelece no centro do homem, ele se torna uma morte viva no homem, um demônio a quem ele adora como seu fosse seu Deus. Ele aperta em seu peito o verme da morte eterna como se fosse sua única alegria.

134 | *Falso refúgio*

Evitemos, dentre todas as coisas, o falso refúgio de um colapso cansado, uma complacência sem esperança em relação às coisas como elas são. É a vida em nós que está descontente. Precisamos mais do que está descontente e não a causa desse descontentamento.

135 | *Uma compreensão boba*

Nenhuma noção boba de bancar o herói — o que criaturas como nós que nem são honestas têm a ver com heroísmo?

136 | *Aridez*

O homem verdadeiro confia em uma força que não é sua e que ele não sente, nem mesmo quando a deseja.

137 | *Perseverança*

Crer no real totalmente desperto, por meio de todo o sonho estupefato, enervante e distorcido: querer acordar, quando o próprio ser parece sedento de repouso sem

Uma antologia

Deus: esses são os passos quebrados para os altos campos onde o repouso é apenas uma forma de força; força, mas uma forma de alegria; alegria, mas uma forma de amor.

138 | *Formas inferiores*

Confio que a vida em suas formas inferiores está no caminho do pensamento e da bem-aventurança, está no processo daquela separação, por assim dizer, de Deus, na qual consiste a criação das almas vivas.

139 | *Vida*

Quem não a tem tampouco pode nela acreditar: como poderia a morte crer na vida, ainda que todas as aves de Deus estejam cantando jubilantes sobre o túmulo vazio?

140 | *O círculo eterno*

Obediência é a união dos elos do círculo eterno. Obediência é apenas o outro lado da vontade criativa. A vontade é a de Deus, a obediência é a vontade do homem, e as duas formam uma só. A vida original, conhecendo bem os mil problemas que traria sobre ele, criou e continua a criar outras vidas, que, embora incapazes de ser em si, podem, por obediência voluntária, desfrutar da alegria de seu ser essencial auto-ordenado. A vida eterna é nossa se cumprirmos a vontade de Deus — não uma simples continuação da existência, pois esta em si mesma é tão sem valor quanto o inferno, mas um ser que é um com a vida essencial.

141 *A grande única vida*

O Deus infinito, a grande única vida, além da qual não há outra, apenas sombras, sombras amáveis dele.

142 *O princípio da sabedoria*

Naturalmente a primeira emoção do homem diante do ser que chama de Deus, mas a quem conhece tão pouco, é o temor. Onde é possível que o temor exista, é bom que ele exista, cause contínuo desassossego e seja expulso por nada menos que o amor [...] Até que o amor, que é a verdade na direção de Deus, seja capaz de expulsar o medo, é bom que o medo se mantenha. É um vínculo, ainda que pobre, entre aquele que é aquele que cria — um elo que pode ser quebrado, mas que pode ser quebrado apenas pelo apertar de um vínculo infinitamente mais próximo. Deus deve verdadeiramente ser terrível para aqueles que estão longe dele, pois eles

Uma antologia

temem o que ele fará, sim, ele está fazendo com eles o que eles não podem desejar e mal podem suportar.

143 | *"Paz em nosso tempo"*

Enquanto eles são como são, há muito nele que não pode deixar de amedrontá-los. Eles devem temer a Deus e fazem bem em temê-lo [...] Remover esse medo dos corações deles, a não ser por deixá-los conhecer o seu amor com seu fogo purificador, um amor dura eras, poderia ser, eles não podem saber, como entregá-los completamente ao poder do mal. Persuadir os homens de que o medo é algo vil, que é um insulto a Deus, de que ele não fará nada — enquanto eles ainda estão apaixonados por sua própria vontade, e escravos de qualquer momento de impulso passional, e qual será a consequência disso? A consequência será que eles insultarão Deus como um ídolo descartado, uma superstição, uma falsidade, algo sob cuja influência eles há muito gemem, algo para ser expulso e cuspido. Depois disso, quanto eles aprenderão dele?

144 | *Fogo divino*

O fogo de Deus, que é sua essência, seu amor, seu poder criativo, é um fogo diferente de seu símbolo terreno

nesse sentido, pois ele queima apenas à distância —
quanto mais longe dele, mais ele queima.

145 | *O lugar seguro*

Então, se qualquer dos filhos do Pai se sentir
amedrontado diante dele, alguém para quem o
pensamento de Deus é um desconforto ou até mesmo
um terror, que ele se apresse — que ele não demore
para colocar qualquer roupa, mas corra de uma vez em
sua nudez, um filho verdadeiro, para encontrar abrigo
de seu próprio mal e do terror de Deus, para a salvação
nos braços do Pai.

146 | *Deus e a morte*

Tudo que não é Deus é a morte.

147 | *Terror*

Deve ser sem-fim o nosso terror, até que cheguemos
intimamente perto do núcleo do universo, o primeiro e
último daquele que vive.

Uma antologia

148 | *Desejo falso*

Homens que preferem receber a salvação de Deus a ter
Deus como a salvação deles.

149 | *O direito de um homem*

Se fosse possível que qualquer alma não infantil
pudesse, em arrogância e ignorância, pensar em exigir
seus direitos *diante de* Deus, e exigir dele isso ou aquilo
segundo a vontade da carne, eu apresentarei para esse
alguém algumas coisas às quais ele tem direito [...]
Ele pode reivindicar ser impelido a se arrepender, ser
cercado por todos os lados, ter os cães pastores fortes
e de dentes afiados do Grande Pastor de Ovelhas,
um após o outro, enviados atrás dele para impedir
todo desejo seu, atrapalhar todo plano, frustrar toda
esperança até que ele finalmente entenda que nada
aliviará sua dor, nada fará sua vida digna de ser vivida, a
não ser a presença do Deus vivo em seu interior.

150 | *Natureza*

Naquilo que pertence aos significados mais profundos da
natureza e a mediação que ela exerce entre nós e Deus, as

aparências da natureza são verdades da natureza, muito mais profundas que quaisquer descobertas científicas nelas e a respeito delas. A demonstração é de coisas com as quais Deus mais se preocupa, pois sua demonstração é a face de coisas muito mais profundas que elas [...] É por intermédio dessa demonstração, não por intermédio da análise delas, que penetramos em suas verdades mais profundas. O que elas dizem à alma infantil é a coisa mais verdadeira a ser extraída delas. Conhecer uma flor é mais sublime do que saber tudo da botânica a respeito dela, assim como conhecer a Cristo é infinitamente superior do que saber tudo de teologia, saber tudo que é dito a respeito de sua pessoa ou tudo que é dito a respeito de sua obra. O corpo do homem não existe por causa de seus segredos ocultos. Seus segredos ocultos existem por causa do seu exterior, para a face e a forma nas quais a revelação habita. Seu exterior é o mais profundo disso. Assim também a Natureza existe primariamente por causa de seu rosto, sua aparência, seu apelo ao coração e à imaginação, seu serviço simples à necessidade humana, e não para os segredos a serem descobertos nela e transformados em uso posterior do homem.

151 | *O mesmo*

Por uma decomposição infinita não podemos saber nada mais do que uma coisa realmente é, pois, no momento em que a decompomos, ela deixa de ser e todo o seu

Uma antologia

significado se desvanece. Infinitamente mais do que a própria astronomia, que não destrói nada, pode fazer por nós é feito pelo simples aspecto e pelas mudanças da abóbada celeste acima de nossas cabeças. Pense por um momento em qual seria nossa ideia de grandeza, de Deus, de infinitude, de desejo, se, em vez de um firmamento azul lantejoulado e distante, nós tivéssemos nascido e sido criados sob um teto branco e plano! Não devo depreciar os trabalhos da ciência, mas afirmo que suas descobertas são indizivelmente menos preciosas que os mais simples dons da natureza, que, de manhã até a noite, tomamos irrefletidamente das mãos dela. Espero que um dia sejamos capazes de entrar em seus segredos desde o interior, por contato natural [...]

152 | *Dúvida*

Negar a existência de Deus pode [...] envolver menos descrença que a menor complacência quanto a duvidar de sua bondade. Digo *complacência*, pois alguém pode ser assombrado com dúvidas, e, por conseguinte, somente vai crescer em fé. As dúvidas são mensageiras daquele que é Vivo ao honesto. Elas são a primeira batida à nossa porta de coisas que ainda não são, mas têm de ser, entendidas [...] A dúvida deve preceder cada garantia mais profunda, pois as incertezas são o que primeiro vemos quando vamos a uma região até o momento desconhecida, inexplorada e selvagem.

111

153 | Jó

Ao ver Deus, Jó se esquece de tudo o que queria dizer, de tudo o que ele pensou que poderia dizer se pudesse vê-lo.

154 | *A conclusão do Livro de Jó*

Jó realizou seu desejo: ele viu a face de Deus, e abominou a si mesmo em pó e cinzas. Ele buscou justificação e encontrou autorrenúncia [...] Há duas coisas claramente contidas e manifestas nessa poesia: que nem todo mundo merece que seus pecados sejam punidos permanentemente na presença do Senhor, e que o melhor dos homens, quando vê a face de Deus, vai reconhecer sua própria vileza. Deus é justo, e nunca vai tratar com o pecador como se este fosse capaz de pecar o pecado puro, mas, se o melhor dos homens não fosse libertado dele mesmo, seu eu o faria afundar em um Tofete[5].

---

[5] *Tofete* significa "lugar da chama" em hebraico, e é um lugar citado algumas vezes na Bíblia como situado no Vale de Hinom, não muito distante de Jerusalém. Lá foram realizados sacrifícios humanos em rituais de adoração de divindades cananeias [N. T.].

155 | *O caminho*

Cristo é o caminho para fora e para dentro: é o caminho para fora da escravidão, consciente ou inconsciente, até a liberdade, o caminho da estranheza das coisas rumo ao lar que desejamos mas não conhecemos, o caminho das pontas tempestuosas das vestes do Pai até a paz de seu aconchego.

156 | *Autocontrole*

Admito que o simples esforço da vontade [...] possa ser acrescentado ao esforço do homem contra sua natureza inferior, mas nesta própria natureza é Deus quem deve governar, e não o homem, não importa quão boa seja sua intenção. A partir do domínio do homem sobre si mesmo em oposição menor, embora piedosa, à lei do seu ser, surge o perigo imenso de nutrir, pelo orgulho da vitória sobre si mesmo, um eu bem pior até mesmo que o eu do animal livre — o eu demoníaco. A verdadeira vitória sobre o eu é a vitória de Deus no homem, não do homem apenas. Não é a sujeição que é o bastante, mas a sujeição por Deus. Seja o que for que o homem fizer sem Deus, ele vai fracassar miseravelmente ou ter sucesso mais miseravelmente ainda. Nenhuma parte do homem pode governar outra, pois Deus a criou, não o homem, e a parte é maior que o todo. A satisfação doentia que algumas mentes sentem em jogar fardos sobre si mesmas é um mimo, ainda que possam suspeitar, do apetite mais perigoso do eu que pensam estar mortificando.

157 Autonegação

O eu nos é dado para que o sacrifiquemos. Somos nós que, tal como Cristo, devemos oferecê-lo. Não que devamos atormentá-lo, mas devemos negá-lo; não que devamos ultrapassá-lo, mas devemos abandoná-lo completamente. Então ele não pode mais ser irritado. O que isto quer dizer? Não devemos impedir, mas abandonar? […] Quer dizer o seguinte: devemos recusar, abandonar, negar completamente o eu como um elemento dominador, determinante ou originador em nós. Ele não deve mais ser o regente das nossas ações. Não devemos mais pensar "o que eu gostaria de fazer", mas "o que o Deus vivo deseja que eu faça?"

158 Matando o nervo

Nenhum apego ou busca, nenhum anseio do indivíduo, dará movimento à vontade: nenhum desejo de ser consciente do valor dará ordem à vida. Nenhuma ambição, seja qual for, será motivo de ação. Nenhum desejo de ultrapassar o outro seja permitido em um momento de alívio da morte.

159 | *O eu*

Não tenho nada a consultar com você, eu meu, mas com aquele cuja ideia é a sua alma, e do qual você ainda é totalmente indigno. Tenho de fazer, não com você, mas com a sua Fonte, por quem a qualquer momento você existe — o seu Causador, não você, o efeito. Você pode ser minha consciência, mas não é o meu ser [...] Pois Deus é mais para mim que minha consciência de mim mesmo. Ele é a minha vida, e você é apenas o tanto que meu pobre ser feito pela metade consegue apreender, o tanto que atualmente sou capaz de saber. Porque eu o enganei e o prejudiquei, porque eu o tratei como se você fosse de fato meu próprio eu, você se encolheu e me diminuiu, até que me envergonhasse de mim mesmo. Se fosse para me importar com o que você diz, logo estaria cansado de você. Mesmo agora estou indignado do seu rosto desprezível e mesquinho que vejo toda hora. Não! Que eu tenha a companhia daquele que é Perfeito, não a sua! Do meu irmão mais velho, o Vivo! Não sou amigo da simples sombra do meu próprio ser! Adeus, eu! Renego-o e farei o melhor que puder para todo dia deixar você para trás.

160 | *Meu jugo é suave*

A vontade do Pai é o jugo que Jesus deseja que tomemos e carreguemos também com ele. É acerca desse jugo e desse fardo que ele diz *é suave* e *é leve*, respectivamente. Ele não diz: "O jugo que ponho sobre vocês é suave e o fardo é leve". O que ele diz é: "o jugo que eu carrego é suave, o fardo sobre os meus ombros é leve". Com o jardim do Getsêmani diante de si, com a hora e o poder das trevas à sua espera, ele declara que o jugo dele é suave é que o fardo dele é leve.

161 | *Devemos ser ciumentos*

Devemos ter ciúme de Deus contra nós mesmos e olhar bem para o eu traiçoeiro e enganador, sempre traiçoeiro e enganador, até que ele saiba a respeito de Deus, até que seja totalmente e completamente negado […] Até lá, suas negações e seus desvios de coisas queridas por causa de Cristo vão abrigar sua autoconsideração e gerar nele um culto de si mesmo ainda mais profundo.

162 | *Encarando ambos os caminhos*

Não há muitos cristãos que, tendo começado a negar-se a si mesmos, ainda gastam muita energia

Uma antologia

no esforço vão e mau para acomodar questões
entre Cristo e o querido eu — buscando salvar
o que eles certamente devem perder —, de
maneira diferente da qual o Mestre faria com que
eles as perdessem.

163 | *A alma descuidada*

A alma descuidada recebe as dádivas do Pai
como se fossem uma maneira de as coisas caírem
na sua mão [...] mesmo assim, ela reclama o tempo
todo, como se alguém fosse responsável pelas contas
que sempre lhe chegam. Ela não agradece pelo
bem que recebe — quem está lá para agradecer?
E resmunga por causa dos desapontamentos
que lhe sobrevêm — sempre precisa de alguém
para responsabilizar!

164 | *Não há mérito nisto*

Via de regra, amamos porque não podemos
evitar. Não há mérito nisso: como haveria algum
amor? Mas também não é egoísta. Muitos há que
confundem justiça com mérito e pensam que não há
nada justo onde não há nada meritório. "Se você se
alegra em amar isso", dizem, "qual é o seu mérito?"

117

Não há mérito, respondo, mas o amor que é nascido em nós é nossa salvação do egoísmo. É a própria essência da retidão [...] Que *certas* alegrias sejam alegrias é a negação do egoísmo. O homem seria um homem diabolicamente egoísta, a quem o próprio Amor não fez alegre.

165 | *Fé*

Você pergunta: "O que é ter fé nele?". Eu respondo: é abandonar o próprio caminho, seus objetos, seu eu e assumir a ele e o caminho dele; é deixar de lado a sua confiança nos homens, no dinheiro, na opinião, no caráter e até na expiação e *fazer o que ele lhe diz para fazer*. Não sou capaz de encontrar palavras fortes o bastante que sirvam ao peso dessa obediência.

166 | *O equivocado*

Em vez de conhecer a Cristo para que por ele sejam salvos, eles se desperdiçam em um autoexame doentio para saber se ainda creem, se de fato confiam na expiação, se verdadeiramente se arrependeram de seus pecados — esse é o caminho para a loucura da mente e para o desespero do coração.

Uma antologia

167 | *O caminho*

Em vez de se perguntar se você crê ou não, pergunte a si mesmo se hoje você fez ou deixou de fazer alguma coisa porque ele mandou ou proibiu. É simplesmente absurdo dizer que você crê, ou mesmo que almeja crer nele, se você não faz nada do que ele lhe diz.

168 | *A primeira e a segunda pessoa*

Adoro o Filho como o Deus humano, o divino, o único Homem, que deriva seu ser e poder do Pai, que é igual a ele, tal como um filho está no mesmo nível e é submisso ao seu pai.

169 | *Advertência*

Não devemos imaginar as coisas vagando rumo à não existência.

170 | *Criação*

A palavra *criação* aplicada às mais elevadas realizações do gênio humano, ela me parece

uma zombaria da humanidade, esta mesma em
processo de criação.

171 | *O incognoscível*

Em se tratando de como é a vida de Deus em si
mesmo, só podemos saber que não podemos saber.
Mesmo isso não sendo absoluta ignorância, pois
ninguém pode entender isso a partir de sua própria
natureza, não se pode entender algo sem se aproximar
dele da maneira mais genuína.

172 | *Advertência*

Entendamos muito claramente que um ser cuja
essência fosse apenas poder seria uma negação
do divino, e nenhuma adoração justa poderia
ser-lhe oferecida.

173 | *As duas primeiras pessoas*

A resposta ao amor autoexistente é o amor que nega
a si mesmo. A recusa de si mesmo é aquela em Jesus,
a que corresponde à criação em Deus [...] Quando

120

Uma antologia

ele morreu na cruz, ele o fez no clima selvagem de suas províncias periféricas, na tortura do corpo da sua revelação, que ele fizera em glória e em felicidade em seu lar.

174 | *A imitação de Cristo*

Não há vida para nenhum homem a não ser a vida da mesma espécie que Jesus tem. Seus discípulos devem viver pela mesma devoção absoluta de sua vontade à vontade do Pai. Aí então a vida deles será uma com a vida do Pai.

175 | *Dor e alegria*

O desenvolver desta nossa salvação deve ser doloroso, e o lidar com ela por aqueles na vida terrena sempre será em sofrimento; ainda assim a forma eterna da vontade de Deus em nós e por nós é intensidade de alegria.

176 | *"Por ele todas as coisas subsistem"*

O vínculo do universo [...] é a devoção do Filho ao Pai. É a vida do universo. Este vínculo não está no fato de que Deus criou todas as coisas, de que fez o universo como um todo, mas no fato de que aquele por intermédio de quem todas as coisas foram criadas o ama perfeitamente, e está eternamente contente em seu Pai, está satisfeito em ser porque seu Pai está com ele. Não é o fato de que Deus é tudo em todos que unifica o universo; é o amor do Filho ao Pai. Pois a unidade não vem de nenhuma unicidade. Não pode haver unicidade onde há apenas um. Pois pelo próprio princípio da unidade deve haver dois. Logo, sem Cristo o universo não existiria.

177 *"A vida estava nele"*

Nós também devemos ter a vida em nós mesmos. Nós também devemos viver, tal como a própria Vida o faz. Não podemos viver de nenhum outro modo, a não ser daquele pelo qual Jesus viveu, no qual a vida foi feita nele. O caminho é renunciar à própria vida […] Até que não estejamos vivos, a vida não será feita em nós. Toda a luta, o labor e a agonia do Filho com cada pessoa é para que cada um morra como ele morreu. Toda pregação que não tenha esse objetivo está edificando com madeira, palha e restolho.

Uma antologia

178 | Porque não temos a "*Ipsissima Verba*"[6] de Cristo

Deus não se preocupou em que tivéssemos certeza absoluta de suas próprias palavras, e talvez tenha sido assim por causa da tendência que seus filhos têm de adorar as palavras, de usar uma lógica falsa e corromper a verdade. Ele não os teria oprimidos pelas palavras, vendo que as palavras, sendo humanas, são consequentemente e apenas parcialmente capazes, mas não de modo absoluto, de conter ou expressar o que o Senhor quis dizer. Ele mesmo deve depender do espírito do seu discípulo para ser entendido. Entender isso não dá a vida, e a letra não deve ser dotada de capacidade para matar.

179 | Advertência

"Como vou saber que algo é verdadeiro?" Fazendo o que se sabe que é verdadeiro, sem dizer que algo é verdadeiro até que se veja que aquilo é verdadeiro. Fechando sua boca até que a verdade a abra. Você deve permanecer em silêncio? Então, ai de você se falar.

---

[6]A expressão latina *Ipsissima Verba* usada por MacDonald no original significa literalmente "as próprias palavras" e é um termo técnico nos estudos bíblicos para se referir às palavras que foram pronunciadas pelo Jesus histórico [N. T.].

180 | *Sobre a arte religiosa de má qualidade*

Se o Senhor aparecesse hoje na Inglaterra como apareceu uma vez na Palestina, ele não viria com o halo dos pintores ou com o brilho gélido daquela beleza efeminada de fraqueza doce com a qual os artistas com frequência o representam.

181 | *Como ler as Epístolas*

A incerteza sempre está na região intelectual, nunca na prática. As questões com as quais Paulo se preocupa são claras o bastante para o coração sincero, mas distantes para aquele cujo desejo de entender ultrapassa o desejo de obedecer.

182 | *A entrada de Cristo*

Quando recebemos sua imagem em nosso espelho espiritual, ele entra com ela. Nosso pensamento não é entrecortado do pensamento dele. Nosso pensamento receptivo é a porta pela qual ele entra. Quando nossos corações se voltam para ele, nós lhe abrimos a porta, que está levantando nosso espelho para ele, aí então

ele vem, não apenas por nosso pensamento ou alguma
ideia que tenhamos, mas ele mesmo, e sua própria
vontade; ele entra, não como se pudéssemos tomá-lo,
mas como ele pode entrar.

183 | *O mesmo*

Assim o Senhor [...] torna-se a alma das nossas
almas, torna-se espiritualmente o que ele sempre
foi criativamente e informa nosso espírito, dando
forma aos nossos corpos, da mesma maneira que sua
alma informa e dá forma às nossas almas. A alma
mais profunda, a Vida infinita que desejou e deseja
se levantar até o Eu que chamamos de "eu" e "mim",
mas que vive imediatamente dele e é propriedade
particular e natureza — bem mais dele do que nossa
[...] até que a glória da nossa existência brilhe sobre
nós, vemos o sol que ilumina o que é enviado e
sabemos de nós mesmos vivos com uma vida infinita,
mesmo a Vida do Pai sabe que nossa existência
não é a luz do luar de uma mera consciência do ser,
mas sim a glória do sol de uma vida justificada por
ter-se tornado uma com sua origem, pensamento
e sentimento com o sol primal da vida, do qual
foi deixado para que pudesse conhecer e refletir a
si mesmo e retornar para sempre a este ciclo em
harmonia exultante ao redor dele.

184 | *Os usos da natureza*

Que noção teríamos do que não muda e é imutável, sem a solidez da matéria? […] Como poderíamos imaginar o que podemos a respeito de Deus sem o firmamento acima de nossas cabeças, uma esfera visível, mas uma infinitude sem forma? Que ideia teríamos de Deus sem o céu?

185 | *Ciências da natureza*

A ciência humana é apenas o desfazer da rede da tapeçaria da ciência de Deus, ela trabalha de costas para ele e o abandona sempre — seu intento, isto é, sua obra perfeita por detrás da ciência, sempre indo mais e mais distante do ponto onde a obra de Deus culmina em revelação.

186 | *O valor da análise*

A análise é boa, assim como a morte.

187 | *Natureza*

A verdade da flor não está nos fatos a respeito dela, ainda que esses sejam corretos de acordo com a ciência

Uma antologia

ideal em si, mas na coisa brilhante, reluzente, alegre e paciente entronizada em seu caule — a força de seu sorriso e de sua lágrima [...] A ideia de Deus é a flor. Sua ideia não é a botânica da flor. A botânica é apenas um conjunto de caminhos e meios; é tela, cor e pincel em relação à imagem na mente do pintor.

188 | *Água*

A ideia divina da água é oxigênio e hidrogênio? Deus colocou os dois elementos juntos apenas para que o homem pudesse separá-los e descobri-los? Ele permite que seu filho despedace seus brinquedos, mas acaso estes foram feitos para serem despedaçados? Ele não será uma criança a ser invejada por alguém cujo pai inglório fizesse brinquedos com tal finalidade! Um professor de escola pode ver o melhor uso para um brinquedo, mas não um pai! Descubra para nós o que na constituição de dois gases os torna apropriados e capazes de serem honrados ao formar a coisa amável, e você nos dará uma revelação sobre algo mais do que a água, a saber, sobre o Deus que fez o oxigênio e o hidrogênio. Não há água nem no oxigênio nem no hidrogênio. A água vem borbulhando fresca da imaginação do Deus vivo, correndo por debaixo do grande trono branco de um glaciar. O simples pensar nisso faz com que se tenha um suspiro de alegria elementar que nenhum filósofo metafísico pode analisar.

A água, que dança, canta e mata a sede maravilhosa é símbolo e figura do que a mulher de Samaria pediu a Jesus — essa coisa amável em si, cujo próprio testemunho é um prazer para cada centímetro do corpo humano a seu alcance, esta coisa viva que, se eu pudesse, teria correndo em meu quarto, sim, como um riacho balbuciante em minha mesa. Essa água é seu próprio ser, sua própria verdade, e nela está uma verdade de Deus. Que aquele que vai conhecer a verdade do Criador fique sedento e beba do riacho à beira do caminho — então eleve seu coração neste momento não ao Criador do oxigênio e hidrogênio, mas ao Inventor e Mediador da sede e da água, para que o homem possa antever um pouco do que sua alma pode encontrar em Deus.

189 | *A verdade das coisas*

A verdade *de uma coisa* então é seu florescer, a coisa para a qual ela foi feita, a pedra mais elevada estabelecida com regozijo. A verdade na imaginação de uma pessoa é o poder de reconhecer tal verdade de uma coisa.

190 | *Cautela*

No entanto, bem mais elevado será o fazer do mínimo, o mais insignificante. O dever o eleva.

Uma antologia

191 | *Deveres*

Estas relações são fatos da natureza do homem [...] Ele
é constituído de forma tal, em princípio, a entendê-los
mais do que amá-los, com a vantagem resultante de
ter por conseguinte a oportunidade de escolhê-los
puramente porque são verdadeiros: ao assim fazer, ele
escolhe amá-los e está capacitado a amá-los no fazer,
e somente assim eles lhe são revelados e passíveis de
serem amados. Então eles deixam de se mostrar na
forma de deveres e aparecem como na verdade são, isto
é, verdades absolutas, realidades essenciais, prazeres
eternos. O homem é homem de verdade quando escolhe
o dever, e é um homem perfeito quando nem pensa
mais no dever e até se esqueceu dessa palavra.

192 | *Porque o livre-arbítrio foi permitido*

Quem busca a verdade por mero impulso seria um
animal santo, não um homem de verdade. Relações,
verdades, deveres são apresentados ao homem
adiante dele, para que este possa escolhê-los e então
ser um filho de Deus, escolhendo a justiça como ele.
Daí vem a triste história do humano vitorioso e a
glória a ser revelada.

193 | *Morte eterna*

Não cumprindo essas relações, o homem está desfazendo seu direito à sua própria existência, destruindo sua *raison d'être*[7], fazendo de si mesmo um monstro, uma razão viva pela qual ele não deve viver.

194 | *A redenção da nossa natureza*

Quando (alguém) está consciente da oposição em si, que não é harmonia, que, enquanto a odeia, mesmo assim está presente com ele, e parece ser ele mesmo, aquilo que algumas vezes ele chama de *velho Adão*, outras vezes de *carne*, algumas vezes sua *natureza inferior*, outras vezes seu *eu maligno*, e algumas vezes reconhece como simplesmente aquela parte de seu ser onde Deus não está. Então de fato o homem está na região da verdade, começando a ser verdadeiro em si mesmo. Não demorará muito para que ele descubra que não há parte em si mesmo com a qual ele estaria em conflito, como Deus estava lá, para que isto fosse verdade, como deveria ser, em uma relação justa com o todo. Pois por qualquer que seja o nome chamado, o velho Adão, ou um cavalo, ou um cachorro, ou um

---

[7]A expressão francesa *raison d'être* usada por MacDonald no original significa "razão de ser" [N. T.].

Uma antologia

tigre, ele então cumpriria sua parte de maneira santa, sem se intrometer em nada, sujeito totalmente à regra do superior, do cavalo, ou cachorro, ou tigre, e seria um bom cavalo, um bom cachorro, um bom tigre.

195 | *Não há mistério*

O homem se prostra diante de um poder que pode ser responsável por ele, um poder para quem o homem não é mistério, tal como ele é mistério para si mesmo.

196 | *A verdade viva*

Quando um homem, com toda a sua natureza, ama e deseja a verdade, ele então é uma verdade viva. Porém, isso não se originou nele mesmo. Ele a viu e se esforçou por ela, mas não a originou. A verdade mais original, viva e visível, que abrange todas as verdades em todas as relações, é Jesus Cristo. Ele é verdadeiro. Ele é a Verdade viva.

197 | *Semelhança com Cristo*

Sua semelhança com Cristo é a verdade do homem, do mesmo modo que o significado perfeito de uma flor é a verdade da flor [...] Assim Cristo é o florescer da humanidade, de modo que o florescer de cada homem é Cristo aperfeiçoado nele.

198 | *Graça e liberdade*

Ele nos concede a vontade por meio da qual desejamos, e o poder para usá-la, e o auxílio necessário para suplementar o poder [...] mas nós devemos desejar a verdade, e o Senhor está esperando por isso [...] A obra é dele, mas devemos assumir nossa parte voluntariamente. Quando a flor brota em nós, quanto mais ela é nossa, mais é dele.

199 | *Liberdade gloriosa*

Quando um homem é verdadeiro, mesmo se ele estivesse no inferno, não poderia ser miserável. Ele está em justa relação consigo mesmo porque está em justa relação com aquele de onde ele veio. Estar em justa relação com Deus é estar em justa relação com o universo, é ser um com o poder, o amor, a vontade do Pai poderoso, aquele que aprecia a alegria, o Senhor do riso, de quem são todas as glórias, todas as esperanças, que ama tudo e não odeia nada senão o egoísmo.

Uma antologia

200 | *Não há meio termo*

Na verdade, não há meio termo entre a harmonia absoluta com o Pai e a condição de escravos — ou submissão, ou rebelião. Nesse caso, a rebelião deles é pela força do Pai neles.

201 | *Sobre ter o próprio caminho*

A liberdade de Deus que libertava suas criaturas está em conflito com a escravidão da criatura que cortaria o próprio caule de sua raiz para que ele pudesse amá-la e chamá-la de sua. Quem se regozija em sua própria consciência em vez de regozijar-se na vida dessa consciência, que se equilibra na parede cambaleante do seu próprio ser, em vez de equilibrar-se na rocha na qual aquele ser está edificado. Este tal considera seu próprio domínio sobre si mesmo — o governo do maior pelo menor, como uma liberdade infinitamente maior do que o alcance do universo do ser de Deus. Se ele disser: "Pelo menos eu tenho o meu próprio caminho", responderei: "Você não sabe qual é ou qual não é o seu caminho. Você não sabe nada sobre a fonte de onde vêm seus impulsos, seus desejos, suas tendências, seus gostos. Eles podem brotar ora de algum acaso, como nervos adoecidos, ora de algum rugido de um demônio errante sem corpo, ora de algum ódio infantil em seu coração, ora da ganância da impiedade de algum ancestral de quem você se envergonharia se conhecesse ou, talvez, de algum acorde penetrante de uma orquestra celestial. O momento vem à sua consciência, você o chama do seu próprio jeito e se gloria nele.

202 | *A morte de Cristo*

Cristo morreu para nos salvar de nós mesmos, não do sofrimento, não da injustiça, e menos ainda da justiça, mas para salvar-nos de sermos injustos. Ele morreu para que pudéssemos viver, mas viver como ele vive, ao morrer como ele morreu para si mesmo.

203 | *Inferno*

O único princípio do inferno é: "Eu pertenço a mim mesmo!".

204 | *A mentira*

Pois a todos estes princípios do inferno, ou deste mundo — que estão dizendo a mesma coisa, e não importa se

Uma antologia

são afirmados ou defendidos, desde que sejam atendidos — o Senhor, o Rei, afirma diretamente que são mentira.

205 | *O temor do autor*

Se eu errar, ele me perdoará. Eu não o temo: temo apenas que, sendo capaz de ver e escrever estas coisas, eu fracasse em testemunhar e que eu seja, depois de tudo, um náufrago, não um rei, mas um tagarela; não um discípulo de Jesus, pronto a ir até a morte com ele, mas um arguidor a respeito da verdade.

206 | *Sinceridade*

Não somos obrigados a dizer o que pensamos, mas somos obrigados a nem sequer olhar para aquilo que não pensamos.

207 | *Primeiras coisas primeiro*

Oh! A loucura de tantas mentes que tentam explicar Deus antes de obedecer-lhe! Elas que querem mapear o caráter de Deus em vez de clamar: "Senhor, que queres que eu faça?"

208 | *Amor inexorável*

Um homem pode bajular, subornar ou persuadir um tirano, mas não há lugar onde refugiar-se do amor de Deus. Esse amor, pelo próprio amor, insistirá até o fim: "Este não é o tipo de amor com o qual eu me preocupo!" Não. Como você poderia? Acredito mesmo nisso.

209 | *Salvação*

A ideia de que a salvação de Jesus é uma salvação das consequências do nosso pecado é falsa, isto é, uma compreensão baixa […] Jesus não morreu para nos salvar do castigo. Ele foi chamado Jesus porque salvaria o seu povo de seus pecados.

210 | *Caridade e ortodoxia*

Qualquer um que tente obedecer ao Mestre é meu irmão, considerando ele isto ou não, e eu o reverencio, mas acaso vou dar guarida ao que vejo ser uma mentira só porque meu irmão acredita nisso? A mentira não é de Deus, seja lá quem for que a sustente.

Uma antologia

211 | *Evasão*

Adiar a obediência a ele até que encontremos uma teoria crível a respeito dele é deixar de lado a poção que sabemos que é nossa obrigação tomar, pelo estudo de várias escolas de terapia.

212 | *Amor inexorável*

Tal é a misericórdia de Deus, que ele manterá seus filhos no fogo consumidor da distância dele até que paguem o último centavo, até que deixem cair a bolsa do egoísmo com todo entulho que está nela e corram para casa, até o Pai e o Filho e os muitos irmãos; corram para dentro do centro do fogo doador de vida, cujos círculos exteriores queimam.

213 | *O Espírito Santo*

A quem obedece e desta maneira abre a porta do seu coração para receber o dom eterno, Deus dá o Espírito de seu Filho, o Espírito dele mesmo para estar nele e conduzi-lo ao entendimento de toda a verdade [...] O verdadeiro discípulo sempre saberá o que deve fazer, não necessariamente o que outro discípulo deve fazer.

214 | *O sentido do pecado*

O sentido do pecado não é inspiração, ainda que esse sentido não esteja longe da porta do templo. De fato, o sentido do pecado é um abridor de olhos, mas à custa de uma profanação doméstica, não por uma verdade celestial.

215 | *Teologias medíocres*

Eles consideram o Pai de seus espíritos como sendo seu governador! Eles deixaram de lado a ideia do [...] "alegre Criador" e colocaram no lugar a ideia de um Deus miserável, puritano, um chefe militar que não se preocupa com a justiça, mas com os direitos dele mesmo; não com purezas eternas, mas com boas propriedades. Os profetas desse Deus retiraram todo o brilho, toda a esperança, toda a cor, todo o valor da vida na terra, e oferecem no lugar de tudo isso o que eles chamam de alegria eterna — um inferno pálido e sem lágrimas [...] Porém, se você for rígido em sua alma adoradora de Mamom, como você crerá em um Deus muito maior que aquele que pode se levantar em uma cela de prisão?

Uma antologia

216 | *Quanto a pensar mal a respeito de Deus*

Não permita que a tua consciência covarde receba qualquer palavra como luz porque outrem a chama de luz, enquanto para ti ela parece ser escuridão. Diga que ou a coisa não é o que parece, ou que Deus nunca disse ou fez aquilo. Mas de todos os males, interpretar equivocadamente o que Deus faz e depois dizer que aquela coisa, tal como entendida, deve ser certa porque Deus fez, é do diabo. Não tente crer em qualquer coisa que te afete como trevas. Mesmo se te enganares e recusares algo verdadeiro, tu farás um mal menor a Cristo por essa recusa que por aceitar como sendo dele o que tu vês apenas como sendo trevas [...] mas que tuas palavras sejam poucas, a não ser que digas com tua boca aquilo do qual depois te arrependerás em teu coração.

217 | *Condenação*

Ninguém é condenado por qualquer coisa que tenha feito. A condenação é para quem continuar a agir errado. Quem age assim é condenado por não sair das trevas, por não ir para a luz.

218 | Desculpas

Tão logo um homem começa a se desculpar é questão de tempo para que ele faça aquilo pelo qual está se desculpando.

219 | Impossibilidades

"Eu te agradeço, Senhor, por me perdoares, mas eu prefiro ficar nas trevas. Perdoa-me por isso também." "Não, isto não pode ser. A única coisa que não pode ser perdoada é a escolha de ser mau, de recusar a libertação. É impossível perdoar isso. Seria tomar parte nisso."

220 | Desobediência

Quantos há que parecem não ser capazes de alguma coisa por causa da Igreja ou do cristianismo, exceto aquilo com que o Senhor se importa — que eles farão o que ele lhes diz. Ele os libertaria de si mesmos, dando-lhes a liberdade dos filhos de Deus; faria deles seus irmãos. Eles o largam para se vangloriar da Igreja deles.

Uma antologia

221 | *O mesmo*

Dizer que uma pessoa pode desobedecer e isso não seria o pior é o mesmo que dizer que o "não" pode ser um "sim" e que a luz algumas vezes pode ser trevas.

222 | *O Deus da lembrança*

Não quero dizer que Deus desejaria que sua presença mais próxima nos fizesse esquecer da presença de um amigo nosso ou deixar de desejá-la. Deus me livre! O Amor de Deus é o aperfeiçoamento de todo o amor. Ele não é o Deus do esquecimento, mas da lembrança eterna. Não há passado em Deus.

223 | *Luto*

"Ah, você sabe tão pouco a respeito da minha perda!" "De fato, sua perda é grande! Parece incluir Deus! Se você soubesse o que ele sabe a respeito da morte, você aplaudiria com suas mãos apáticas. Mas por que deveria eu inutilmente tentar dar-lhe conforto? Você deve ser humilhado para que possa ser despertado do seu sono para saber que precisa de Deus. Se você não o encontrar, uma vida sem fim com o (ser) vivo de quem você reclama se tornaria insuportável e permaneceria com você. O conhecimento do seu próprio coração lhe ensinará isto: não o conhecimento que você já tem, mas o conhecimento que você vai adquirir por meio do sofrimento. Aí então você sentirá que a existência em si é o primeiro dos males sem a justiça que é de Deus pela fé."

224 | A fé de Abraão

O apóstolo diz que algo foi imputado a Abraão como justiça, ou, como a versão revisada apresenta, que algo "foi-lhe creditado como justiça". O que é isso que foi imputado a Abraão? A justiça de outrem? De modo nenhum! Foi a sua própria fé. A fé de Abraão foi-lhe creditada como justiça.

225 | O mesmo

Paulo diz que a fé em Deus foi imputada como justiça antes que Moisés nascesse. Você poderá responder, Abraão foi injusto em muitas coisas, não foi um homem justo de jeito nenhum. É verdade: ele não foi um homem completamente justo em sentido algum. A justiça de Abraão jamais teria satisfeito a Paulo nem a si mesmo, pode ter certeza. Não obstante, sua fé era justiça.

Uma antologia

226 | *Percepção dos deveres*

Você poderá dizer que esta não é a primeira percepção do dever. É verdade. Porém, na realidade, a primeira é raramente a primeira a ser percebida. O primeiro dever é elevado e profundo demais para vir primeiro à consciência. Se alguém tivesse nascido perfeito [...] o dever mais elevado seria o primeiro do qual se teria consciência. Quando nascemos, é o cumprir ou, pelo menos, a tentativa honesta de cumprir muitos outros deveres que levará a pessoa a ver que seu dever para com Deus é o primeiro, o mais profundo e mais elevado de todos, incluindo e exigindo a realização de todos os demais deveres.

227 | *Justiça da fé*

Para aquele que não tem fé em Deus, a fé em Deus não pode se parecer com justiça, nem essa pessoa pode saber que a fé é criadora de toda a justiça para com vidas iguais e inferiores.

228 | *O mesmo*

Isto não é como um único ato de justiça: é a ação do homem como um todo, afastando-se do mal e

143

voltando-se para o bem, dando as costas para tudo que é oposto à justiça e começando uma jornada na qual ele não pode parar, e deve prosseguir, tornando-se mais e mais justo, descobrindo mais e mais o que a justiça é, e descobrindo mais e mais o que é injusto em si mesmo.

229 Imputado para nossa justiça

Com tal vida e possibilidade nele, ele deve prosseguir, voltando-se para a retidão e abjurando a iniquidade, desejando sempre a justiça de Deus. Tal fé obediente é mais justa e adequadamente — sendo tudo o que Deus mesmo requer do homem — chamada por Deus de justiça no homem. Isso não seria o suficiente para a justiça de Deus, ou Jesus, ou qualquer santo aperfeiçoado, porque eles são capazes de uma justiça perfeita.

230 A fé do apóstolo Paulo

Sua fé foi um ato de reconhecimento de Deus como sua lei, e isto não é um ato parcial, mas uma ação completamente abrangente e determinante. Um simples ato justo para com o próximo dificilmente seria imputado como justiça. Alguém que não esteja

Uma antologia

buscando a justiça pode mesmo assim praticar muitos atos justos, que não serão esquecidos, mas também não lhe serão imputados como justiça.

231 | *O cristão maduro*

Sua alegria não advém de si mesmo. Ele se alegra consigo mesmo, mas essa alegria vem de outros e não vem de si mesmo — vem primeiramente de Deus, e de qualquer outro, e enfim de todos os demais [...] Ele poderia alegrar-se sem se conhecer, mas não poderia conhecer a si mesmo e poupar um dos irmãos ou irmãs que Deus lhe deu [...] Sua consciência de si mesmo é o reflexo dos que estão ao seu redor e não o resultado de uma mudança na opinião que ele tem a seu próprio respeito. Não é a contemplação daquilo que Deus fez ao criá-lo; é o ser que Deus lhe fez, e a contemplação do que Deus mesmo é, e o que ele fez aos que estão ao seu redor que lhe dá alegria.

232 | *Revelado aos bebezinhos*

O sábio e prudente precisa fazer um sistema e arranjar as coisas em sua mente antes que possa dizer: "Eu creio". O filho vê, crê, obedece e sabe que precisa ser perfeito, assim como seu Pai no céu é perfeito.

Se um anjo que parece ter vindo do céu lhe dissesse que Deus o abandonou, que Deus não requer muito dele, mas que se contentaria com menos […] o filho reconheceria de imediato, tecido no fulgor estrelado do anjo, o brilho das chamas do inferno.

233 | *Resposta*

"E como Deus vai fazer isto em mim?" Permita-lhe e talvez você ficará sabendo.

234 | *Conhecimento inútil*

Ensinar ao seu intelecto o que tem de ser entendido por todo o seu ser, o que não pode ser entendido sem todo o seu ser, o que não lhe faria nenhum bem a não ser que fosse entendido com todo o seu ser — se este é o lugar de qualquer homem, não é o meu. Que os mortos sepultem seus mortos e que os mortos ensinem aos seus mortos.

235 | *A arte de ser criado*

Que a paciência tenha sua obra perfeita. Estátua sob o cinzel do escultor, permaneça firme ao receber os golpes do martelo. Argila na roda, permita que os dedos do oleiro divino a modele à vontade. Obedeça à palavra mais leve do Pai: ouça o Irmão que o conhece e morreu por você.

236 | *Quando não o encontramos*

Que tua mão esteja na maçaneta da porta para abri-la quando ele bater pela primeira vez. Se abrires a porta e não o veres, não diga que ele não bateu, mas entenda que ele está lá e quer que tu saias para encontrá-lo. Pode ser que ele tenha algo para você fazer por ele. Vá e faça, e talvez tu irás retornar com uma nova prece, para encontrar uma nova janela em tua alma.

237 | *Oração*

Nunca espere por um tempo ou lugar adequado para falar com ele. Esperar para ir à igreja ou ao teu quarto é fazê-lo esperar. Ele ouvirá enquanto tu andas.

238 | *Sobre as críticas de alguém*

Não dê muita atenção se as pessoas zombarem de você, ou se mentirem a seu respeito, ou se de boa vontade defenderem a sua falta de valor. Não se importe nem se os justos lhe virarem as costas. Apenas cuide para que não seja você a se desviar deles.

239 | *Livre-arbítrio*

Deus deu ao homem a capacidade de contrariar a vontade dele para que por meio dessa mesma capacidade ele possa finalmente fazer essa vontade em um grau e em uma maneira mais elevados que de outro modo lhe seriam possíveis.

240 | *Sobre conversas fúteis*

Que o homem faça o que é certo e não se preocupe com opiniões sem valor. Quanto menos ele prestar atenção nessas conversas, menos difícil será amar o próximo.

241 | *Será que amamos a luz?*

Será que você ama a verdade e a justiça a ponto de acolher, ou, pelo menos, submeter-se de boa vontade à ideia de uma exposição daquilo que está em você, mas que mesmo assim você desconhece, exposição essa que pode resultar na glória da verdade ao

Uma antologia

envergonhá-lo e humilhá-lo? […] Você está disposto a se alegrar por estar errado quando você pensou que os outros é que estavam errados?

242 *Vergonha*

Podemos confiar em Deus quanto ao nosso passado tão animadamente quanto em relação ao nosso futuro. Isto não vai nos ferir a não ser que tentemos esconder as coisas, a não ser que estejamos prontos para curvar nossas cabeças com uma vergonha sincera sempre que for necessário sentir vergonha. Pois estar envergonhado é algo santo e bendito. A vergonha é apenas para os que querem aparecer, não para os que querem ser […] Estar humildemente envergonhado é mergulhar no banho purificador da verdade.

243 *O despertar*

Que horror isto não será para um homem vil […] quando os olhos dele estiverem abertos para ver a si mesmo como o puro o vê, como Deus o vê! Imagine esse homem despertando de uma vez, não apenas para ver os olhos do universo fixos nele com um assombro abominável, mas para ver a si mesmo no exato momento em que aqueles olhos o veem.

149

244 | *O despertar dos ricos*

É chocante o que as riquezas e uma religião elegante, com a autossuficiência que geram, podem capacitar homens e mulheres a fazerem [...] Para muitos dos ricos religiosos naquele dia a grande revelação condenadora será o comportamento deles para com os pobres com quem eles pensaram que foram muito gentis.

245 | *Autoengano*

Alguém pode abominar algo no abstrato durante anos e depois descobrir que durante todo aquele tempo ele era culpado daquilo. Carregar cuidadosamente algo sob nossa capa esconde de nós a identidade do que carregamos como algo que se apresenta diante de nós no pelourinho público. Muitos lerão isto e concordarão, os que levam engaiolados dentro do peito uma ave comedora de carniça que eles nunca reconheceram ser o que é, porque há pontos de diferença na plumagem desta e da ave que eles chamam por um nome feio.

246 | *Advertência*

"Ó Deus", pensamos, "quão terrível seria se fosse eu!" Seria terrível também se fosse Judas. E não fiz eu coisas com o mesmo germe, um germe que, trazido à sua perfeição maligna, teria se revelado traiçoeiro como um câncer? Se eu não amar meu próximo como a mim mesmo, eu posso traí-lo um dia. Portanto, sejamos compassivos, humildes e esperançosos para com todos.

247 | *A lenta descida*

Alguém pode afundar em graus tão lentos, que, muito tempo depois de ser um demônio, pode continuar a ser um bom clérigo, um bom dissidente e pensar ser um bom cristão.

248 | *Justiça e vingança*

Uma justiça satisfeita é um evento eterno inevitável, uma vingança satisfeita é uma impossibilidade eterna.

249 | *Reconhecimento de agora em diante*

Nossos amigos nos conhecerão então. Será pela alegria ou pela tristeza deles? O coração deles vai afundar ao contemplarem nossa verdadeira

semelhança? Ou eles vão se regozijar ao descobrir que
nós não éramos tão culpáveis quanto eles pensavam?

250 | Desde Dante

Ter uma parte em qualquer herança terrena é diminuir
a parte dos outros herdeiros. Na herança dos santos a
parte que se tem aumenta a posse do restante.

251 | O que Deus quer dizer por "bom"

"Eles são bons", isto é, "eles são o que eu quero
que sejam".

252 | Todas as coisas vêm de Deus

Todas as coisas são de Deus, não como estando
em seu poder — evidentemente —, mas como
vindas dele. A própria escuridão se torna
luz ao redor dele quando pensamos que ele
verdadeiramente a criou, pois não poderia haver
escuridão a não ser para a luz.

Uma antologia

253 | *Ser absoluto*

Não há palavra para representar o que não é Deus,
não há palavra para o *lugar* sem Deus; e como não é,
tampouco poderia vir a ser.

254 | *Animais*

Os caminhos de Deus descem a profundidades
microscópicas assim como sobem a alturas telescópicas
[...] Assim se dá com a mente. Os caminhos de
Deus descem a profundidades que ainda não nos
foram reveladas. Ele conhece seus cavalos e cães de
um modo que não podemos conhecê-los, porque
ainda não somos puros filhos de Deus. Quando por
intermédio da nossa filiação, tal como Paulo ensina, a
redenção desses irmãos e irmãs inferiores acontecer,
entenderemos melhor uns aos outros. Mas agora o
Senhor da Vida olha para a tortura voluntária de
multidões das suas criaturas. Pode ser que a ofensa
aconteça, mas ai daquele por meio de quem a ofensa
acontece. Pode parecer que o Senhor não está
prestando atenção, mas ele vê e sabe.

153

255 | *Diversidade de almas*

Cada um de nós é algo que o outro não é e, por conseguinte, sabe alguma coisa. Pode ser que alguém não saiba que sabe o que ninguém mais sabe e [...] é tarefa de todos, como membros do reino de luz e herdeiros de tudo, dar a sua parte aos demais.

256 | *O iludido*

Amando apenas o corpo da Verdade, mesmo quando a chamam de mentira, e irrompendo em um queixume piegas sobre as ilusões da vida.

257 | *Mal*

O que vem de mim e não de Deus é o mal, é uma perversão de algo que é de Deus. Tudo que não é da fé é pecado, é um córrego interrompido, um córrego que se separou de sua fonte e pensa que pode correr sem ela.

258 | *A perda da sombra*

Aprendi que não foi apenas a mim mesmo que perdi, mas a minha sombra. Aprendi que é melhor [...] para um

homem orgulhoso cair e ser humilhado do que manter
sua cabeça erguida em orgulho e inocência fantasiosa.
Aprendi que aquele que for um herói dificilmente será
um homem, e que aquele que não for nada senão quem
faz seu trabalho está seguro quanto à sua masculinidade.

259 | *Amor*

É amando, não sendo amado, que se pode chegar
mais perto da alma de alguém.

260 | *Da primavera ao verão*

As aves ficaram silenciosas porque sua história as
dominava, fazendo com que transformassem palavras em
atos, mantendo os ovos aquecidos e procurando comida.

261 | *A porta para a vida*

Porém a porta para a vida geralmente se abre atrás de
nós, e uma mão que nos puxa para trás é estendida.
A única sabedoria para um homem ou um menino
que é assombrado pelo bater de asas não vistas, com
o aroma de rosas não vistas e com as tentativas sutis
de "melodias não ouvidas", é o trabalho. Se ele seguir

quaisquer dessas coisas, elas desaparecerão. Mas, se ele trabalhar, elas não serão buscadas.

262 | *Uma religião solitária*

Há um tipo de religião na qual, quanto mais dedicada uma pessoa for, menos prosélitos fará: o culto de si mesma.

263 | *Amor*

O amor faz tudo ser amável. O ódio se concentra naquilo que odeia.

264 | *Um falso método*

Não é afastando nosso irmão que poderemos estar a sós com Deus.

265 | *Assimilação*

Toda impiedade tem a tendência de destruir a individualidade, e as naturezas em declínio a assimilam à medida que afundam.

Uma antologia

266 | *Procurando*

"Mas tu *tava* procurando alguém, titia". — "Não.
Eu *tava* só *oiando*" [...] É esta ideia sem forma de
algo que mantém homens e mulheres se esforçando
para arrancar do seio do mundo o segredo de suas
esperanças. Quão pouco sabem que o que eles
procuram na realidade é o Deus deles!

267 | *Progresso*

Para dizer a verdade, eu me sinto bem jovem.
Pois antes eu só sabia que é preciso tomar a cruz, mas
agora eu sei que é preciso segui-lo.

268 | *Providência*

As pessoas falam em providências especiais. Creio
nas providências, mas não na especialidade [...]
As assim chamadas providências especiais não são
exceções à regra; elas são comuns a todas as pessoas
em todos os momentos.

269 | *Simplicidade*

Ele dá mais abundantemente o que é melhor, tal como a razão. Daí a plenitude tranquila da natureza comum, daí conceder o Espírito aos que pedem.

270 | *Perdão*

Orei a Deus para que ele me fizesse […] como uma rocha que engolisse as ondas erráticas em suas grandes cavernas e que nunca as lançasse de volta para fazer inchar a comoção do mar bravio quando elas viessem. Ah, como seria realmente aniquilar o erro desse jeito, ser capaz de dizer: "Isto não será um erro contra mim, então eu o perdoo completamente!" Mas o fato doloroso se revelará, não menos curioso que doloroso, que é mais difícil perdoar os erros pequenos que os grandes. Mas talvez o perdão dos grandes erros não seja tão verdadeiro quanto parece. Pois não pensamos nós que perdoar esses erros é algo bom e assim o fazemos por nossa própria causa, e não por causa do ofensor? É terrível não ser bom e ter maus caminhos dentro de si.

Uma antologia

271 | *Visitantes*

Sempre que possível, diga às pessoas que quando você está ocupado com algo que precisa ser feito, você não pode dividir o tempo com elas, a não ser que elas queiram de você algo que seja ainda mais necessário. Mas diga isso a elas, e não se livre delas usando o meio comumente chamado de "virar as costas". Esse é um meio iníquo.

272 | *Prosa*

Minha convicção pessoal é que a poesia é de longe muito mais profunda em nós, e que a prosa é apenas uma poesia deficiente, e que, de igual maneira, nossas vidas correspondem a isso [...] Do mesmo modo como algumas pessoas leem poesia de um modo que nenhum mortal diria que aquilo é poesia, algumas pessoas leem as próprias vidas, e outras leem a vida dos outros.

273 | *Integridade*

Eu não favoreceria uma ficção para manter o mundo inteiro fora do inferno. O inferno de que uma mentira

159

poderia manter alguém fora dele é sem dúvida o melhor lugar para ele ir. É a verdade [...] que salva o mundo!

274 | *Contentamento*

Que eu, se possível, seja recebido em meu quarto no inverno por uma lareira brilhante, no verão por um vaso de flores; se eu não puder, que eu pense em quão agradável isso seria, e me afunde no meu trabalho. Não penso que a estrada para o contentamento passe por desprezar o que não temos. Que reconheçamos todo o bem, todo o prazer que o mundo tem, e que estejamos contentes sem isso.

275 | *Pesquisa paranormal*

O Espírito de Deus foi oferecido para que peçam [...], no entanto, recorrem à necromancia e invocam os mortos para pedir-lhes conselho, seguem-no, e um dia descobrirão que Satanás não se esqueceu de como se vestir como um anjo de luz [...] Que religião há em ser convencido de que há um estado futuro? Isso é adorar a Deus? Isto não é mais religião que crer que o sol vai se levantar amanhã é religião. Pode ser uma fonte de felicidade para aqueles que não puderam crer antes, mas isso não é religião.

Uma antologia

276 | *O apagamento*

Se ele se agrada em esquecer tudo, então ele pode esquecer. E penso que é isso que ele faz com nossos pecados, isto é, depois de jogá-los para longe de nós, uma vez que estamos completamente limpos deles. Seria horrível se ele se esquecesse dos pecados antes disso.

277 | *A respeito de um capítulo em Isaías*

O poder de Deus é colocado ao lado da fraqueza dos homens, não que ele, o perfeito, possa se vangloriar sobre seus frágeis filhos [...] mas que ele possa dizer: "Vejam, meus filhos, vocês nunca serão fortes com a *minha* força. Não tenho nenhuma outra para dar a vocês".

278 | *Providência*

E se cremos que Deus está em toda parte, por que não pensaríamos que ele está presente mesmo nas coincidências que algumas vezes parecem ser tão estranhas? Pois, se ele está nas coisas que coincidem, ele deve estar na coincidência dessas coisas.

279 | *Não tem outro jeito*

O Anção da Terra inclinou-se sobre o chão da caverna, levantou uma pedra imensa e a deixou inclinada. Viu-se um grande buraco que desabou. "Este é o caminho", disse ele. "Mas não há escadas. Você deve se jogar. Não tem outro jeito."

280 | *Morte*

"Você provou a morte agora", disse o Anção. "Isto é bom?", disse Mossy. "É melhor do que a vida". "Não", disse o Anção. "Isto é apenas mais vida".

281 | *Critério de uma visão verdadeira*

Isso fez com que fosse mais provável que ele tivesse tido uma visão verdadeira, pois, em vez de fazer coisas comuns, parecerem lugares-comuns, como uma falsa visão teria feito, isso fez coisas comuns revelarem o maravilhoso que havia nelas.

282 | *Uma razão para o sexo*

Uma das grandes vantagens advindas de ter dois pais é que um equilibra e retifica os movimentos do outro. Ninguém é bom a não ser Deus. Ninguém detém a verdade, ou pode segurá-la em um e no mesmo pensamento, a não ser Deus. Nossa vida humana frequentemente é, no melhor caso, nada mais que uma oscilação entre os extremos que juntos perfazem a verdade.

283 | *Obra fácil*

Você acha que a obra que Deus nos dá nunca é fácil? Jesus diz que seu jugo é suave, seu fardo é leve. As pessoas algumas vezes se recusam a fazer a obra de Deus justamente porque ela é fácil. Isso algumas vezes é porque elas não podem crer que esta obra fácil é de Deus, mas pode ser que haja um orgulho muito mau aí [...] De novo, alguns a aceitam, mas não com inteireza de coração e a realizam desleixadamente. Mas não importa quão fácil qualquer obra seja, esta não poderá ser bem-feita sem que haja uma consideração a respeito. E essas pessoas, em vez de refletirem a respeito de sua obra, geralmente refletem acerca do amanhã, quando nada pode ser feito, assim como no ontem. O Presente Santo!

284 | *Lebensraum*[8]

É apenas nele que a alma tem lugar. Em conhecê-lo a alma tem vida e alegria. Você nunca pode saber o segredo do seu próprio coração, mas você pode conhecer aquele que conhece esse segredo.

285 | *Natureza*

Se as flores não fossem perecíveis, cessaríamos de contemplar sua beleza, ou cegos pela paixão por guardar seus corpos, ou entorpecidos pela falta de sensibilidade dos lugares-comuns que a presença constante delas ocasionaria. Para comparar coisas grandes com pequenas, as flores murcham, as bolhas quebram, as nuvens e os crepúsculos passam. Pela mesma santa razão (no grau de sua aplicação a eles) que o Senhor se afastou de seus discípulos e subiu mais uma vez para seu Pai — para que o Consolador, o Espírito da Verdade, a Alma das coisas, pudesse vir a eles e habitar com eles e assim, o Filho volta, e o Pai é revelado. A flor não é sua beleza, e sua beleza devemos amar, caso contrário vamos tratá-las como

---

[8]MacDonald usa a palavra alemã *Lebensraum* no original, que significa "espaço vital" ou "hábitat" [N. T.].

Uma antologia

crianças que querem colecionar flores, e as pegam cada vez mais, enchem mãos e cestas por um simples desejo de aquisição.

286 | *Para os pais*

Os pais devem respeitar a pessoa espiritual de seu filho, e se aproximar dela com reverência, pois ela também contempla a face do Pai e tem uma audiência com ele na qual nenhum pai terreno poderá entrar mesmo se ousarem desejar isso.

287 | *Entesouramento*

O coração do homem não pode entesourar. Sua mente ou sua mão podem guardar algo em uma caixa, mas no momento em que a coisa foi colocada na caixa, seu coração a perdeu e ele se sente faminto de novo. Se o homem pode ter alguma coisa, é o Doador que tem de ter. [...] Portanto, tudo que ele faz deve ser livre para ir e vir no coração de seu filho. Este pode desfrutar disso apenas enquanto o bem entesourado existir, pode desfrutar apenas a sua vida, sua alma, sua visão, seu significado, não a coisa em si.

288 | *Hoje e ontem*

Contudo a aventura de hoje não foi como a de ontem, ainda que tenha começado igual. De fato, o hoje é com muita frequência parecido com o ontem, se as pessoas puderem notar as diferenças [...]
A princesa correu por uma passagem atrás da outra, e não achou a escada da torre. Minha suspeita é que ela não subiu o bastante, e estava procurando no segundo andar em vez de no terceiro.

289 | *Ilusão obstinada*

Ele pulou da cama, assim pensou, e começou a se vestir, mas, para sua consternação, viu que ainda estava deitado. "Agora então eu vou", disse ele. "Lá vou eu! Estou pronto agora!" Porém, mais uma vez ele se viu confortável na cama. Vinte vezes ele tentou, e vinte vezes fracassou, porque na verdade ele não estava acordado, estava apenas sonhando que estava.

290 | *Posses*

Felizmente, para nossa bem-aventurança, a alegria das posses logo se esvai.

Uma antologia

291 | *Perdido nas montanhas*

O medo voltou. Pessoas já morreram de fome
nas montanhas, e comecei a preparar minha mente
para encontrar o pior. Eu ainda não tinha aprendido
que a aproximação de qualquer destino é apenas
a preparação para esse destino. Eu me perturbei
com a preocupação daquilo que não estava
imediatamente sobre mim [...] Estivesse eu menos
cansado e menos desfalecido, isso teria parecido
menos terrível.

292 | *O nascimento da perseguição*

As palavras de Clara me pareceram muito
irreverentes [...] mas eu não sabia o que lhe responder.
Quase comecei por não gostar dela, pois frequentemente
a incapacidade de defender a fé transforma homens
em perseguidores.

293 | *Morte diária*

Morremos diariamente. Felizes são aqueles que também
diariamente voltam à vida.

294 | *Quanto à obrigação para consigo mesmo*

"Mas uma pessoa não deve nada para si mesma."
"Nada que eu saiba. Eu não tenho obrigação nenhuma para comigo mesmo. Como poderei me dividir e dizer que uma metade de mim está em dívida para com a outra? Para mim isso é mera figura de linguagem." "Mas de onde então vem tal imaginação?" "Suspeito que seja de um senso diminuído de uma obrigação real, cujo objeto está equivocado. Suspeito que isso venha realmente da nossa relação com o Deus desconhecido, sentida tão vagamente que uma forma falsa é prontamente aceita como se fosse sua personificação [...]

295 | *Uma teoria do sono*

Pode ser dito do corpo, no que diz respeito ao sono, o mesmo com respeito à morte: "Semeia-se em fraqueza, levanta-se em poder [...]". Ninguém pode negar o poder que o corpo cansado tem de paralisar a alma, mas eu tenho uma teoria correlata que amo, e espero descobrir que seja verdadeira, a saber, enquanto o corpo cansa a mente, é a mente que restaura o vigor do corpo, e então, assim como a pessoa que construiu

Uma antologia

em um palácio imponente, ela se alegra em morar nele.
Creio que, se há um amor vivo e consciente no coração
do universo, a mente, na quietude de sua consciência no
sono, entra em um contato menos atribulado com sua
origem, o coração da criação, e a partir daí, presenteada
com calma e força para si, torna-se capaz de repartir
conforto e restauração para o todo que está cansado.
A cessação dos labores proporciona a ocasião necessária,
torna possível, por assim dizer, para o ocupante de uma
estação periférica no deserto voltar para a casa de seu
pai para se abastecer com suprimentos frescos [...]
A alma-criança vai para casa de noite e volta de manhã
para os labores escolares.

296 | *Ociosidade sagrada*

O trabalho nem sempre é exigido do homem. Existe
algo como uma ociosidade sagrada, o cultivo da qual em
nossos dias é terrivelmente negligenciada.

297 | *A desgraça moderna*

Períodos anteriores da história do mundo em que aquela
autoconsciência cega que é a nossa desgraça ainda não
estava desenvolvida.

GEORGE MACDONALD

298 | *Imortalidade*

Para algumas mentes o argumento a favor
da imortalidade extraído do encolhimento
aparentemente universal da aniquilação não deve
ser eficiente, pois elas mesmas não se encolhem [...]
Se Deus não existe, a aniquilação deve ser desejada
com toda a força do desejo, que é a mola principal da
ação humana. Em uma palavra, não é a imortalidade
que o coração humano busca, aquele pensamento
eterno, imortal, cuja vida é a sua vida, cuja sabedoria
é a sua sabedoria [...] Dissociar a imortalidade da
Imortalidade viva não é algo a ser desejado.

299 | *Oração*

"Oh Deus", clamei, e isso foi tudo. Mas o que são as
orações de todo o universo a não ser a expansão daquele
único clamor? A questão não é o que Deus pode nos dar,
mas o Deus que queremos.

300 | *O eu*

Fiquei doente ao ver a mim mesmo. Como poderei me
livrar do demônio? Naquele mesmo instante, eu vi a

única fuga: devo oferecer meu eu de volta à sua fonte, comprometê-lo com aquele que o criou. Não devo mais viver a partir do meu eu, mas a partir de sua fonte. Não devo buscar saber a respeito dele mais do que o Senhor me deu a conhecer pela sua presença lá [...] Os lampejos de autoconsciência que poderão passar por mim deverão ser dádivas de Deus, não o resultado da minha busca, e devem ser oferecidos novamente a ele em cada novo autossacrifício.

301 *Visões*

Uma pessoa pode ter muitas visões e crer em todas elas [...] algo mais é necessário. É preciso ter na alma tal presença de Deus que o Filho do Homem mencionou dizendo: "Se alguém me ama, obedecerá à minha palavra. Meu Pai o amará, nós viremos a ele e faremos morada nele".

302 *A alma descuidada*

Quanto a qualquer influência dos oficiais públicos de uma religião, uma alma contente pode deslizar por entre eles por toda uma vida longa, desimpedida até o fim, flutuante e evasiva como uma abelha entre pedras de granizo.

303 | *Um jardim antigo*

Ninguém da família jamais tinha se preocupado com ele devido ao seu estilo antigo. Sua preservação se devia simplesmente ao fato de que seu jardineiro fora abençoado com uma falta de inteligência saudável que o tornou incapaz de aprender o que seu pai, que tinha sido jardineiro antes dele, teve uma dificuldade maravilhosa para ensinar-lhe. Não apreciamos nem um pouco os benefícios para a corrida que são provenientes de um embotamento honesto. As pessoas espertas são a ruína de tudo.

304 | *Experiência*

Aqueles que não obtêm experiência são os que se desviam do caminho do Rei por medo de encontrarem o Dever assentado à beira da estada.

305 | *Dificuldades*

Parece que todas as coisas conspiram para impedir o progresso daqueles que levam a sério o que é direito. Claro que isso é apenas aparência, que surge em parte para que o peregrino sempre seja

Uma antologia

levado a evitar as vias laterais pelas quais ele está constantemente perambulando.

306 | *Uma palavra difícil*

Há aqueles que em sua primeira busca estão mais próximos do Reino dos Céus do que muitos que por anos acreditam já estar nele. No primeiro grupo, há mais da mente de Jesus, e quando ele os chama, eles o reconhecem de imediato e o seguem, enquanto os outros o examinam dos pés à cabeça e, descobrindo que ele não é suficiente como o Jesus que eles imaginaram, voltam as costas e vão à igreja, à capela ou ao quarto para se ajoelhar diante de uma forma vaga que é uma mistura de tradição e fantasia.

307 | *Truísmos*

Um simples truísmo, certo? Sim, isso mesmo, e que pena; destarte, o que é um truísmo, como muitas consideram truísmos? O que é isso a não ser uma verdade que deveria ter sido sepultada há muito tempo na vida dos homens, enviada para sempre para o canto das ações verdadeiras e o vinho da bondade amorosa — mas, em vez de ser sepultado em bom solo, permitiu-se que se espalhasse e chutasse para lá e para cá no sótão seco e vazio de suas mentes até que estivessem cansados da sua visão e do seu som, e para se livrar desse pensamento, declaram que não se trata de uma verdade viva, mas apenas de um truísmo sem vida? Mesmo assim, esse truísmo deve se agitar na mente deles até que mudem para as câmaras apropriadas em seus corações, onde ele não mais se agitará, mas deitará raízes e será uma força e uma beleza.

308 | *Quanto a pedir conselhos*

Quando as pessoas pedem conselho com muita frequência, elas o fazem na esperança de encontrar o conselheiro do lado do segundo eu familiar delas, em vez do seu terrível primeiro eu, do qual elas conhecem muito pouco.

309 | *Não deixar nenhum resto*

Deve-se lembrar que uma pequena dose de arrogância não deve ser tolerada mais que uma dose grande; antes, deve ser completamente jogada fora.

Uma antologia

310 | *Silêncio perante o juiz*

Não pense tanto a respeito do teu pecado a ponto
de torná-lo maior ou menor aos teus próprios olhos.
Leve-o a Jesus e deixe que ele te mostre quão vil é o
pecado. E permita que ele te julgue, sabendo que ele o
fará com justiça, não atenuando nada, pois ele tem de
purificar-te completamente, e assim não se esquecendo
da menor desculpa que possa acobertar o espanto da tua
culpa ou o testemunho para ti, que não foi com olhos
abertos que tu praticaste aquele ato [...] Porém, mais
uma vez eu digo, que seja Cristo que te perdoe. Ele o fará
de maneira mais adequada do que tu podes fazer e não
prejudicará a tua alma, desculpando-te em demasia.

311 | *Nada é tão mortal*

Nada é tão mortal para o divino quanto o tratamento
habitual com o exterior das coisas sagradas.

312 | *Girar e completar*

A única ideia perfeita da vida é uma unidade,
autoexistente e criativa. É Deus, o Único. Mas toda a
vida, para ser completa como vida, deve corresponder

a essa ideia, em sua espécie, e a correspondência
humana à autoexistência é que o homem deve girar
e completar-se a si mesmo tomando para si a sua
Origem, por retroceder e adotar esta Origem em sua
própria vontade. É então que terá completado o ciclo
por retornar à sua história, e apegando-se à sua Causa, e
desejando seu próprio ser na vontade do único Eu Sou.

313 | Imortalidade

"Não consigo entender que mal poderia acontecer se
nos fosse permitido conhecer um pouco, pelo menos
o bastante para nos garantir que há alguma coisa do
outro lado." Apenas isso, os medos deles dissipados,
suas esperanças encorajadas a partir de qualquer recanto
inferior, os homens iriam (como sempre) se afastar da
Fonte para a cisterna da vida [...] Há milhares que
se esqueceriam de Deus se lhes fosse assegurado um
estado de coisas tolerável além do túmulo, até mesmo
como o que vivemos agora é totalmente antecipado do
fato de que as dúvidas de tantos com respeito à religião
se concentram atualmente na questão da possibilidade
de haver vida depois da morte, questão essa que [...]
não tem a ver imediatamente com religião. Satisfaça
essas pessoas, se puder, para que elas vivam, e o que
elas ganham? Talvez um pouco de conforto, mas um
conforto que não procede da fonte mais elevada, e

Uma antologia

possivelmente obtido cedo demais para o bem estar delas. Isto as levará para mais perto de Deus que estavam antes? Ele está preenchendo uma fissura a mais dos corações delas em consequência disso?

314 | *O eterno agora*

A alegria dos animais está no fato de que, no nível inferior deles, eles obscurecem a alegria daqueles — poucos em qualquer momento na terra — que não olham para o antes e o depois nem se lamentam pelo que não existe, mas vivem na santa despreocupação do eterno agora.

315 | *Os silêncios abaixo*

Mesmo os condenados precisam às vezes se tornar conscientes do que são, e então certamente uma calma terrível, ainda que momentânea, recairá sobre as regiões esquecidas.

316 | *Dependência do álcool*

Ainda é uma alma humana, arruinada em meio a tudo que o uísque pode-lhe fazer. Ela clama do poço

do inferno. É um homem, enquanto houver o que
puder pecar. E a oração da miséria traz sua própria
justificação, quando as petições sóbrias dos que se
julgam justos e as dos maus são rejeitadas. Aquele que
não perdoa nada não é perdoado, e a oração do fariseu
é como a batida cansada das ondas do inferno, enquanto
o clamor de uma alma saída do seu fogo faz tremer
as cordas amorosas do coração.

317 | *Lembrete*

Porém o pardal e a gralha na realidade são igualmente
respeitáveis, ainda que não aos olhos da mulher que
toma conta da granja, que prefere a galinha poedeira
ou o pato aos bichinhos no chão.

318 | *Coisas raras e comuns*

As melhores coisas são as mais comuns, porém os
tipos mais elevados e as melhores combinações
dessas são os mais raros. Há mais amor no mundo
que em qualquer outra coisa, mas o melhor amor e
o indivíduo em quem o amor é supremo são as mais
raras de todas as coisas.

Uma antologia

319 | *Gargalhada sagrada*

É o coração que ainda não está seguro de seu Deus que tem medo de rir na presença dele.

320 | *O eu*

Inúteis foram a fantasia, por definição, ou o sermão, ou o poema, ou a história, para persuadir uma pessoa a negar-se a si mesma. Esta não poderia se pudesse. Rapidamente a pessoa se esquecerá da presença de dentes rangentes. Não há como nos esquecermos de nós mesmos a não ser na descoberta do nosso eu verdadeiro, mais profundo — a ideia de Deus a nosso respeito quando ele nos projetou — o Cristo em nós. Nada, a não ser esse eu pode desalojar o eu falso, ganancioso e queixoso, que muitos de nós amamos e do qual temos orgulho. E ninguém pode descobrir esse eu apenas por si mesmo [...] "Contudo, aos que o receberam, aos que creram em seu nome, deu-lhes o direito de se tornarem filhos de Deus."

321 | *Ou isto, ou aquilo*

De todos os ensinos o mais próximo do absurdo é o que apresenta Deus como um ser muito distante.

Ou não existe Deus, ou ele está mais perto de cada um de nós que a nossa consciência do eu.

322 | *Oração*

Pensando assim, ela começou a orar ao reflexo fraco e distorcido do Deus que ela tinha em sua mente. Eles somente oram ao Deus real, ao Criador do coração que ora, que conhece a Jesus, seu filho. Se nossas orações fossem ouvidas apenas de acordo com a ideia de Deus que parece que é a quem oramos, quão miseravelmente nossas necessidades infinitas seriam atendidas! Contudo cada clamor honesto, mesmo se dirigido ao ouvido surdo de um ídolo, vai até os ouvidos do Deus desconhecido, ao coração do Pai desconhecido.

323 | *Uma consciência pesada*

Ela ficou profundamente perturbada com o que, por uma imensa falta de cortesia, é chamado de consciência pesada, sendo que na verdade era a consciência cumprindo seu papel tão bem que deixou toda a casa desconfortável.

Uma antologia

324 | *Dinheiro*

Ele tinha um grande respeito pelo dinheiro e superestimava seu valor como um meio de fazer até o que ele chamava de bem. Geralmente as pessoas religiosas agem assim.

325 | *Esfregando a cela*

As coisas que saem de um homem é que o contaminam, e para se livrar delas ele deve entrar em contato consigo mesmo, ser um preso condenado e esfregar o chão de sua cela.

326 | *O mistério do mal*

Pessoas medianas ficam chocadas diante da impiedade dos ímpios. Gibbie, que conhecia ambas muito bem, ficava chocado apenas com a iniquidade dos justos. Ele nunca conseguiu entender direito o sr. Sclater: os inconsistentes nunca podem ser entendidos. O homem só é capaz de entender aquilo que tem razão absoluta em si. Há uma perplexidade sobre a própria natureza do mal que só ele, que nos fez capazes do mal para que pudéssemos ser bons, pode compreender.

327 | *Prudência*

Ninguém pode mandar em sua própria vida, pois esta vem flutuando sobre a pessoa por trás [...] O segredo da vida e do desenvolvimento não é inventar e planejar, mas se deixar levar pelas forças em ação — fazer a casa certa a cada momento —, sendo esta a parte que nos cabe no processo, e só deixar fluir (não a vontade, pois esta não existe) a vontade do pensamento eterno para cada um de nós, o que ele tinha como intenção para cada um de nós desde o princípio.

328 | *Competição*

Nenhuma obra nobre ou permanentemente boa pode vir da imitação não mais que da cobiça. Penso que espiritualmente os motivos são os mesmos.

329 | *Método*

Obedecendo aprende-se a obedecer.

330 | *Prudência*

Tivesse ele possuído mais da prudência da serpente
[...] talvez ele saberia que tentar muito fazer com que
as pessoas sejam boas é uma maneira de fazê-las piores,
que a única maneira de fazê-las boas é ser bom —
lembrando bem a trave e o argueiro, e que raramente é
tempo de falar, e que o tempo de ser nunca termina.

331 | *Como se tornar um tonto*

Naturalmente capaz, ele fez de si mesmo um
tonto, pois quando um homem gasta sua energia
aparentando ter, ele está o tempo todo destruindo o
que tem e, consequentemente, destruindo o próprio
meio de se tornar o que deseja parecer. Se alcançar
seu objetivo, o sucesso dele é o seu castigo.

332 | *Amor*

Ele era [...] alguém que não cometeu o erro comum
de confundir a sombra lançada pelo amor, isto é, o
desejo de ser amado, com o amor em si. Seu amor era
um sol vertical, e sua sombra estava aos seus pés [...]
Mas, por outro lado, não me engane confundindo

o desejo de ser amado (que em si não é nem
errado nem nobre, não mais que a fome não é nem
errada nem nobre) com o prazer em ser amado, ser
desprovido daquilo que um homem deve perder de
maneira incomensuravelmente mais profunda, em um
egoísmo maligno, destruidor; sim, diabólico.

333 | O arrependimento do pregador

Ó Senhor, tenho me dirigido à multidão.
As rodas do pensamento me circundam como um
    fogo ardente a rodopiar.
E o recuo da minha palavra produz suave ondulação
Meu coração atento se dilatou e pôs-se a soprar.
Portanto, eu me lanço à tua presença.
Impõe mãos frias sobre minha mente em brasas
    e seja retirado
Do meu coração fraco o vazio inchado.

334 | Ações

Levar-te-ia, mas não posso forçar
Tua presença — não presumir ajudaria.
Tuas portas são obras.

335 | *Oração*

Minhas orações, meu Deus, fluem do que eu não sou.
Creio que tuas respostas fazem de mim o que eu sou.
Um pensamento se segue a outro, como
   ondas cansadas.
Mas a profundidade tranquila por debaixo é toda tua.
E lá tu te moves em caminhos que para nós
   são desconhecidos.
A partir de um conflito estranho tua paz é
   estranhamente forjada.
Se o leão em nós ora, tu respondes ao cordeiro.

336 | *A casa não é para mim*

A casa não é para mim — é para ele.
Seus pensamentos reais exigem muitas escadarias,
Muitas torres, muitas perspectivas belas
Das quais não tenho a menor ideia.

337 | *Acumulação*

Pode haver uma ganância ímpia nas coisas santas.
Tu deste um vislumbre de muitas coisas amáveis
Que não devem ser guardadas para uso em
   qualquer mente,

Mas apenas para a atual necessidade espiritual.
O pão mais sagrado, se acumulado, logo dará bichos,
O deus Mamom, o ter orgulho [...]

338 | *A primeira tarefa do dia*

A crosta do eu se forma todo dia em mim.
A cada manhã minha vida deve irromper.

339 | *Ilusão obstinada*

Tem piedade de nós pela aparência das coisas,
Quando a negação em branco nos olha nos olhos.
Apesar de a serpente disfarçada ter mentido antes
Ela fascina a ave.

340 | *Regras de conversa*

Nenhuma palavra minha somente pode abrigar
O eu que corrói o peito de um irmão.
Posso não gostar do fracasso nem encorajar
    a presunção
Com o sopro do meu aplauso.

341 | Uma forma negligenciada de justiça

Não devemos nunca desejar que nossos filhos ou nossos amigos façam o que não faríamos se estivéssemos no lugar deles. Devemos aceitar sacrifícios justos e de igual maneira, devemos fazê-los.

342 | Bem

"Mas, se um corpo nunca fizer outra coisa a não ser o que ele sabe que é bom, ele teria que viver metade do tempo sem fazer nada." "Quão pouco você deve ter pensado! Porque você parece não ver o bem das coisas que está constantemente fazendo. Agora, não me entenda errado. Não estou dizendo que você é boa pessoa por fazê-las. Tomar o café da manhã é uma coisa boa, mas você não imagina que prepará-lo seja uma coisa boa. A coisa é boa; não você [...] Há muito mais coisas boas do que más para serem feitas."

343 | Não farás para ti imagem de escultura

"Você não poderia me dar algum sinal ou me dizer alguma coisa que nunca muda a seu respeito ou outra maneira de conhecer você ou algo por meio do qual eu possa conhecê-lo?" "Não, Curdie: isso seria impedi-lo de me conhecer. Você deve me conhecer de uma maneira totalmente diferente dessa. Não seria bom nem para você nem para mim se eu me fizesse conhecer dessa maneira. Isso seria conhecer um sinal a meu respeito, mas não conhecer a mim mesmo."

344 Como se tornar um tonto

Um animal não sabe que é um animal, e, quanto mais uma pessoa chega perto de ser um animal, menos ela sabe.

345 Nossa insolvência

Se gastarmos nossas vidas em caridade nunca devemos desprezar alegações negligenciadas — alegações negligenciadas desde o início das relações dos homens.

346 Que pena!

"Se é que alguma vez orei, mãe, certamente não deixei de fazê-lo". "Como assim, Ian? Quando você

Uma antologia

era uma criança você orava como um cristão idoso."
"Ah, que pena, mãe! Eu pedia coisas das quais não
precisava. Eu era um hipócrita. Eu deveria ter orado
como uma criancinha."

347 | *Sobre o método*

"Ian, uma consciência poderá ficar exigente
demais?" "A única maneira de descobrir é obedecendo
a ela sempre."

348 | *Desejando*

Ela desejou ser boa algumas vezes, mas há milhares
de fantasmas errantes que seriam bons se pudessem
sê-lo sem ter problemas. O tipo de bondade que eles
desejam não vale a pena ser vivido.

349 | *Temor*

Até que se tenha amor, é melhor ter temor.
Enquanto houver animais selvagens por aí, é melhor
ter medo que estar seguro.

350 | *A raiz de toda rebelião*

É porque não estamos próximos o bastante de ti para partilhar de tua liberdade que queremos uma liberdade nossa que seja diferente da tua.

351 | *Duas jovens tolas*

Elas tiveram uma sensação, ou uma sensação as teve, até que outra sensação chegasse e tomasse o lugar daquela. Quando havia uma sensação, sentiam que esta nunca passaria, mas, quando passou, sentiram como se ela nunca tivesse existido. Quando a sensação voltava, sentiam como se ela nunca tivesse acabado.

352 | *Hospitalidade*

Tenho orgulho de uma raça cujas relações sociais são as últimas sobre as quais se retraem, cujo último prazer ao qual sucumbem é sua hospitalidade. É uma impressão comum que apenas os ricos têm o direito de ser hospitaleiros. A flor ideal da hospitalidade é quase desconhecida dos ricos. Essa flor dificilmente cresce, a não ser no jardim dos pobres. Essa é uma das bem-aventuranças deles.

Uma antologia

353 | *Tédio*

Não é apenas o demônio expulso que perambula buscando descanso, mas também muitas almas, em números cada vez maiores. O mundo e o Hades estão lotados deles. Eles esperam um repouso que não seja mera cessação do trabalho. Há um descanso positivo, ativo. Mercy estava apenas começando a buscá-lo, e isso sem saber que era o que ela precisava. Ian buscou em silêncio com Deus, e Mercy, em relacionamentos crepitantes com os seus iguais. Naturalmente predisposta a cair na melancolia, mas saudável o bastante para evitá-la, ela tinha pressa em qualquer coisa que fizesse, não para evitar ficar pensando, pois ela mal tinha começado a pensar, mas sim para fugir daquela sensação pesada de não existência, aquele desejo cansado e inquieto que é a única forma que a vida pode assumir para os que ainda não vivem.

354 | *Calculando o custo*

Algumas vezes fico quase aterrorizado com a abrangência das exigências que me são feitas, com a perfeição do autoabandono que me é exigido, mas fora de tal absoluto não pode haver salvação. Em Deus nós vivemos cada lugar-comum e também cada momento exaltado do nosso ser. Confiar nele quando nenhuma necessidade nos pressiona, quando as coisas parecem estar dando certo por si mesmas, pode ser mais difícil do que confiar quando parece que as coisas estão dando errado.

355 | *Realismo*

É quando estamos mais conscientes de que há um fato nas coisas que estamos mais conscientes da nossa carência de Deus e mais capazes de confiar nele […] O reconhecimento da realidade inexorável sob qualquer forma tem a tendência de despertar a alma para o que é ainda mais real, para seu relacionamento com uma existência superior e mais profunda. Não é só para o histérico que um balde de água é bom. Todos que sonham com a vida em vez de vivê-la precisam de um choque semelhante.

356 | *Avareza*

"Você já pensou sobre a origem da palavra 'avareza'?" "Não". "Ela vem — é o que me parece — da mesma raiz que o verbo 'ter'. É o desejo de chamar as *coisas* de nossas, o desejo de ter a companhia do que não é da nossa própria espécie, companhia de um tipo tal que, se

Uma antologia

fosse pequeno o bastante, você colocaria em seu bolso e levaria consigo. Chamamos de 'ter' o que guardamos na mão, ou a casa, ou o bolso, ou o poder, mas as coisas guardadas na verdade não podem ser *possuídas*. De fato, 'ter' é uma ilusão com relação às 'coisas'. É apenas o que podemos ser *com* aquilo que realmente possuímos, isto é, o que é da nossa própria espécie, de Deus ao animal mais inferior participante da humanidade."

357 | *Armadilha para pegar lagosta*

Ela não aprendera que a aparência das coisas na ida não é a mesma na volta, que com a sua atitude o humor delas terá sido alterado. A natureza é como uma armadilha para pegar lagosta: ela permite que você entre com facilidade, mas voltar não é tão fácil.

358 | *A primeira visita*

Em todo tempo era Deus perto dela que a fazia infeliz. Pois o Filho do Homem não veio trazer paz à terra, mas espada, por isso, a primeira visita de Deus à alma humana é geralmente em uma nuvem de medo e dúvida, a qual sobe da própria alma quando ele se aproxima. O sol repele a nuvem, mas mesmo assim ele precisa olhar através do nevoeiro se fosse visitar a terra.

359 | *Lembrete*

Reclamar de Deus é estar mais próximo dele que ser-lhe indiferente.

360 | *O caminho errado com a ansiedade*

Ele esteve ocupado durante toda a manhã [...] com seu coração tentando contentá-lo antecipadamente com qualquer destino que o Senhor tivesse para ele. Mesmo assim ele era mais um filósofo cristão que um cristão filosófico. A coisa mais desapontadora para ele seria tratada por ele como se fosse a vontade de Deus para consigo, e tentar se decidir, convencendo a si mesmo de que aquela era a coisa certa e a melhor a fazer, como se ele conhecesse (qual é) a vontade de Deus. Dessa maneira, ele estava trabalhando na região da suposição, e não do dever revelado, trabalhando em sua própria imaginação, e não na vontade de Deus [...] Existe alguma coisa na própria presença e atualidade de uma coisa que faz com que seja possível suportá-la, mas alguém pode se enfraquecer por suportar o que Deus pretende que suporte, por tentar suportar o que Deus não pretende que ele suporte [...] Não temos o direito de ensinarmos a nós mesmos um dever imaginário. Quando não sabemos, então o que ele impõe sobre nós é o não saber.

Uma antologia

361 | *Impasse*

Com frequência não somos capazes de dizer
às pessoas o que elas precisam saber, porque elas
querem saber outra coisa.

362 | *Solidão*

Comecei a aprender que era impossível viver para si
mesmo, a não ser na presença dos outros. Aí então,
ai de mim, é terrivelmente possível. O mal só se
dá por meio do bem. O egoísmo não passa de um
parasita na árvore da vida.

363 | *Morte*

Você estará morto enquanto se recusar a morrer.

364 | *O mistério do mal*

As trevas não conhecem nem a luz nem a si mesmas.
Apenas a luz conhece as trevas e também a si mesma.
Ninguém, a não ser Deus, odeia o mal e o compreende.

365 | *O último recurso*

"Lilith", disse Mara, "você não vai dormir, caso se deite lá por mil anos, até que você abra a mão e ceda aquilo que não é seu nem para dar nem para reter". "Não posso", respondeu ela. "Eu o faria se pudesse, pois estou cansada e as sombras da morte estão ao meu redor." "Elas vão aumentar cada vez mais, mas não poderão dobrá-la enquanto a sua mão estiver fechada. Você pode pensar que está morta, mas será apenas um sonho. Abra sua mão, e aí você vai dormir de verdade e vai acordar de verdade". "Estou tentando, mas os dedos cresceram para dentro da palma da mão." "Espero que você use sua força de vontade. Pelo amor da vida, reúna suas forças e quebre estes vínculos!"

A princesa virou seus olhos para Eva, implorando. "Uma vez eu vi uma espada nas mãos do seu marido", murmurou. "Eu fugi quando a vi. Eu o ouvi dizer, ele que a usava, que ela dividiria qualquer coisa que não fosse única e indivisível." "Eu tenho a espada", disse Adão. "O anjo a deu para mim quando ele saiu de perto do portão." "Traga-a, Adão", pediu Lilith, "e corte a minha mão para que eu possa dormir". "Eu o farei", respondeu ele.

FONTES

1 UNSPOKEN SERMONS, First Series,
The Child in the Mist

2—9 UNSPOKEN SERMONS, First Series,
The Consuming Fire

10 UNSPOKEN SERMONS, First Series,
The Higher Faith

11—13 UNSPOKEN SERMONS, First Series,
It Shall Not Be Forgiven

14—21 UNSPOKEN SERMONS, First Series,
The New Name

22—24 UNSPOKEN SERMONS, First Series,
The Heart with the Treasure

25—30 UNSPOKEN SERMONS, First Series,
The Temptation in the Wilderness

31—39 UNSPOKEN SERMONS, First Series, *The Eloi*

40—42 UNSPOKEN SERMONS, First Series,
The Hands of the Father

43—49 UNSPOKEN SERMONS, First Series,
Love Thy Neighbour

50—51 UNSPOKEN SERMONS, First Series,
Love Thine Enemy

52 UNSPOKEN SERMONS, First Series,
The God of the Living]

GEORGE MACDONALD

53—62 UNSPOKEN SERMONS, Second Series,
The Way

63—71 UNSPOKEN SERMONS, Second Series,
The Hardness of the Way

72—84 UNSPOKEN SERMONS, Second Series,
The Cause of Spiritual Stupidity

85—95 UNSPOKEN SERMONS, Second Series,
The Word of Jesus on Prayer

96—107 UNSPOKEN SERMONS, Second Series,
Man's Difficulty Concerning Prayer

108—118 UNSPOKEN SERMONS, Second Series,
The Last Farthing

119—126 UNSPOKEN SERMONS, Second Series, *Abba, Father!*

127—141 UNSPOKEN SERMONS, Second Series, *Life*

142—147 UNSPOKEN SERMONS, Second Series,
The Fear of God

148—154 UNSPOKEN SERMONS, Second Series,
The Voice of Job

155—164 UNSPOKEN SERMONS, Second Series,
Self-Denial

165—167 UNSPOKEN SERMONS, Second Series,
The Truth in Jesus sources

168—177 UNSPOKEN SERMONS, Third Series,
The Creation in Christ

178—180 UNSPOKEN SERMONS, Third Series,
The Knowing of the Son

181—183 UNSPOKEN SERMONS, Third Series,
The Mirrors of the Lord

184—199 UNSPOKEN SERMONS, Third Series,
The Truth

Fontes

200—202 UNSPOKEN SERMONS, Third Series,
Freedom

203—206 UNSPOKEN SERMONS, Third Series,
Kingship

207—215 UNSPOKEN SERMONS, Third Series, *Justice*

216—219 UNSPOKEN SERMONS, Third Series, *Light*

220—223 UNSPOKEN SERMONS, Third Series,
The Displeasure of Jesus

224—238 UNSPOKEN SERMONS, Third Series,
Righteousness

239—249 UNSPOKEN SERMONS, Third Series,
The Final Unmasking

250—257 UNSPOKEN SERMONS, Third Series,
The Inheritance

258 *Phantastes*, Capítulo 22

259 *Phantastes*, Capítulo

260 *Alec Forbes*, Volume I, Capítulo 32

261 *Alec Forbes*, Volume I, Capítulo 33

262 *Alec Forbes*, Volume II, Capítulo 1

263 *Alec Forbes*, Volume II, Capítulo 10

264 *Alec Forbes*, Volume II, Capítulo 12

265 *Alec Forbes*, Volume III, Capítulo 4

266 *Alec Forbes*, Volume III, Capítulo 26

267—268 *Annals of a Quiet Neighbourhood*, Capítulo 1

269 *Annals of a Quiet Neighbourhood*, Capítulo 3

270—271 *Annals of a Quiet Neighbourhood*, Capítulo 5

272 *Annals of a Quiet Neighbourhood*, Capítulo 7

273 *Annals of a Quiet Neighbourhood*, Capítulo 9

274 *Annals of a Quiet Neighbourhood*, Capítulo 11

275 *Annals of a Quiet Neighbourhood*, Capítulo 15

276 *Annals of a Quiet Neighbourhood*, Capítulo 28

277—278 *Annals of a Quiet Neighbourhood*, Capítulo 30

279—280 *The Golden Key* sources 174

281 *The Shadows*

282 *The Seaboard Parish*, Capítulo 2

283 *The Seaboard Parish*, Capítulo 3

284 *The Seaboard Parish*, Capítulo 13

285 *The Seaboard Parish*, Capítulo 19

286 *The Seaboard Parish*, Capítulo 23

287 *The Seaboard Parish*, Capítulo 32

288 *The Princess and the Goblin*, Capítulo 5

289 *The Princess and the Goblin*, Capítulo 27

290 *Wilfred Cumbermede*, Capítulo 11

291 *Wilfred Cumbermede*, Capítulo 17

292 *Wilfred Cumbermede*, Capítulo 18

293 *Wilfred Cumbermede*, Capítulo 22

294 *Wilfred Cumbermede*, Capítulo 42

295 *Wilfred Cumbermede*, Capítulo 48

296 *Wilfred Cumbermede*, Capítulo 55

297 *Wilfred Cumbermede*, Capítulo 57

298 *Wilfred Cumbermede*, Capítulo 58

299—300 *Wilfred Cumbermede*, Capítulo 59

301 *Wilfred Cumbermede*, Capítulo 60

302—303 *Thomas Wingfold, Curate*, Capítulo 7

304 *Thomas Wingfold, Curate*, Capítulo 17

305—306 *Thomas Wingfold, Curate*, Capítulo 36

307 *Thomas Wingfold, Curate*, Capítulo 39

308 *Thomas Wingfold, Curate*, Capítulo 54

309 *Thomas Wingfold, Curate*, Capítulo 66

310 *Thomas Wingfold, Curate*, Capítulo 67

311 *Thomas Wingfold, Curate*, Capítulo 74

312 *Thomas Wingfold, Curate*, Capítulo 76

313 *Thomas Wingfold, Curate*, Capítulo 94

314—315 *Sir Gibbie*, Capítulo 2

316 *Sir Gibbie*, Capítulo 6

317 *Sir Gibbie*, Capítulo 7

318 *Sir Gibbie*, Capítulo 8

319 *Sir Gibbie*, Capítulo 23

320 *Sir Gibbie*, Capítulo 24

321 *Sir Gibbie*, Capítulo 25

322 *Sir Gibbie*, Capítulo 29

323 *Sir Gibbie*, Capítulo 37

324 *Sir Gibbie*, Capítulo 39

325 *Sir Gibbie*, Capítulo 40

326 *Sir Gibbie*, Capítulo 41

327—328 *Sir Gibbie*, Capítulo 44

329—330 *Sir Gibbie*, Capítulo 47

331 *Sir Gibbie*, Capítulo 50

332 *Sir Gibbie*, Capítulo 59

333 *Diary of an Old Soul*, January 31

334 *Diary of an Old Soul*, May 16

335 *Diary of an Old Soul*, May 26

336 *Diary of an Old Soul*, July 16

337 *Diary of an Old Soul*, August 7

338 *Diary of an Old Soul*, October 10

339 *Diary of an Old Soul*, November 3

340 *Diary of an Old Soul*, November 9

341 *The Princess and the Curdie*, Capítulo 1

342 *The Princess and the Curdie*, Capítulo 3

343 *The Princess and the Curdie*, Capítulo 7

344 *The Princess and the Curdie*, Capítulo 8

345 *What's Mine's Mine*, Capítulo 5

346 *What's Mine's Mine*, Capítulo 7

347 *What's Mine's Mine*, Capítulo 9

348—349 *What's Mine's Mine*, Capítulo 11

350 *What's Mine's Mine*, Capítulo 15

351—352 *What's Mine's Mine*, Capítulo 16

353 *What's Mine's Mine*, Capítulo 17

354 *What's Mine's Mine*, Capítulo 22

355 *What's Mine's Mine*, Capítulo 30

356 *What's Mine's Mine*, Capítulo 32

357—358 *What's Mine's Mine*, Capítulo 33

359 *What's Mine's Mine*, Capítulo 39

360 *What's Mine's Mine*, Capítulo 41

361 *Lilith*, Capítulo 9

362 *Lilith*, Capítulo 16

363 *Lilith*, Capítulo 31

364 *Lilith*, Capítulo 39

365 *Lilith*, Capítulo 40

BIBLIOGRAFIA

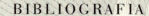

Within and Without, a Poem 1855

Poems 1857

Phantastes: A Faerie Romance for Men and Women 1858

David Elginbrod. 3 vols. 1863

Adela Cathcart. 3 vols. 1864

The Portent: A story of the Inner Vision of the Highlanders Commonly Called the Second Sight 1864

Alec Forbes of Howglen. 3 vols. 1865

Annals of a Quiet Neighbourhood. 3 vols. 1867

Dealings with the Fairies 1867

The Disciple and Other Poems 1867

Unspoken Sermons. Primeira Série 1867

    Segunda Série 1885

    Terceira Série 1889

Guild Court. 3 vols. 1868

Robert Falconer. 3 vols. 1868

The Seaboard Parish. 3 vols. 1868

The Miracles of Our Lord. 1 vol. 1870

At the Back of the North Wind 1871

Ranald Bannerman's Boyhood 1871

GEORGE MACDONALD

Works of Fancy and Imagination (principalmente
reimpressões).10 vols. 1871

The Princess and the Goblin 1872

The Vicar's Daughter. 3 vols. 1872

Wilfrid Cumbermede. 3 vols. 1872

Gutta Percha Willie: The Working Genius 1873

England's Antiphon 1874

Malcolm. 3 vols. 1875

The Wise Woman, a Parable 1875

Thomas Wingfold, Curate. 3 vols. 1876

St. George and St. Michael. 3 vols. 1876

*Exotics: A Translation (in verse) of the Spiritual Songs of Novalis,
the Hymn Book of Luther and Other Poems from the German
and Italian* 1876

The Marquis of Lossie. 3 vols. 1877

Sir Gibbie. 3 vols. 1879

Paul Faber, Surgeon. 3 vols. 1879

A Book of Strife in the Form of the Diary of an Old Soul 1880

Mary Marston. 3 vols. 1881

Castle Warlock, a Homely Romance. 3 vols. 1882

Weighed and Wanting. 3 vols. 1882

The Gifts of the Christ Child, and Other Tales. 2 vols. 1882
(Posteriormente publicado sob o título de *Stephen Archer
and Other Tales.* 1 vol. n.d. Orts 1882 Donal Grant.
3 vols. 1883)

A Threefold Cord. Poems by Three Friends, ed. George
MacDonald 1883

The Princess and Curdie 1883

The Tragedie of Hamlet — com estudo do texto do fólio de
1623 1885

204

Bibliografia

What's Mine's Mine. 3 vols. 1886

Home Again, a Tale. 1 vol. 1887

The Elect Lady. 1 vol. 1888

Cross Purposes, and The Shadows: Two Fairy Stories (reimpressão de *Dealings with the Fairies*) 1886

A Rough Shaking, a Tale 1890

The Light Princess and Other Fairy Stories (reimpressão de *Dealings with the Fairies*) 1890

There and Back. 3 vols. 1891

The Flight of the Shadow. 1 vol. 1891

A Cabinet of Gems, cut and polished by Sir Philip Sidney, now for their more radiance presented without their setting by George MacDonald 1891

The Hope of the Gospel 1892

Works of Fancy and Imagination (principalmente reimpressões). 10 vols. 1871

The Princess and the Goblin 1872

Heather and Snow. 2 vols. 1893

Lilith, a Romance. 1 vol. 1895

Rampolli: Growths from a Long-planted Root, being translations chiefly from the German, along with A Year's Diary of an Old Soul (poemas) 1897

Salted with Fire, a Tale. 1 vol. 1897

Poetical Works of George MacDonald. 2 vols. 1893

The Portent and Other Stories (reimpressão) n.d.

Fairy Tales of George MacDonald (reimpressão) 1904

Scotch Songs and Ballads (reimpressão) 1893

George MacDonald

Outros livros de C. S. Lewis pela
THOMAS NELSON BRASIL

A abolição do homem
A última noite do mundo
Cartas a Malcolm
Cartas de um diabo a seu aprendiz
Cristianismo puro e simples
Deus no banco dos réus
O assunto do Céu
O grande divórcio
Os quatro amores
O peso da glória
Reflexões cristãs
Sobre histórias
Todo meu caminho diante de mim
Um experimento em crítica literária

Trilogia Cósmica

Além do planeta silencioso
Perelandra
Aquela fortaleza medonha

Coleção fundamentos

Como cultivar uma vida de leitura
Como orar
Como ser cristão

Este livro foi impresso pela Ipsis em 2021, para a
Thomas Nelson Brasil. A fonte do miolo é Adobe
Caslon Pro. O papel do miolo é pólen soft $80g/m^2$,
e o da capa é cartão $250g/m^2$.